소설로 비추는 성경

번제단 위의 양치기

엘리엇 한 지음

쿰란출판사

번제단
위의
양치기

추천사

　성경에 입각한 픽션의 장르로 글을 쓰는 데는 여러 가지 부담이 따릅니다. 그중 첫째는 픽션임에도 불구하고 성서신학의 큰 틀을 벗어날 수 없다는 신학적인 경계선입니다. 이 부담을 이기기 위해서는 저자의 온전한 성서 지식과 신학적인 사고가 요구됩니다. 저는 저자가 이 부담을 감당하고 이 작품을 쓰기 위해 부단한 노력과 정성을 쏟아부었다고 생각합니다.

　이 책은 성경의 사실과 성서신학의 경계선 안에서 그의 상상력을 더해서 완성되었습니다. 창작과 사실의 두 축 사이에서 많은 수고와 고뇌를 한 흔적을, 이 책을 읽으면서 발견할 수 있습니다.

　믿음으로 아벨이 그의 첫 열매를 하나님께 드렸다는 짤막한 성경의 묘사를, 우리는 이 작품에서 작가의 상상력을 통해서, 우리가 아벨의 심장 속으로 들어가 그의 의식의 흐름을 읽을 수 있는 경험을 할 수 있습니다. 가인에 대한 묘사는 독자로 하여금 인간의 어두운 단면이 얼마나 단세포적이며 원시적인가 하는 실상을 적나라하게 대면시켜줍니다. 또한 에덴에서 추방되어 새 땅에서 정착하는 아담과 하와의 인생이 작가의 상상력을 통해서 우리에게 전달됩니다.

이 책을 독자들에게 강력히 추천합니다. 성서적 픽션의 장르를 만나보시고 작가의 상상력을 통해서 묘사된 성경의 실세적 인물들의 내면적 의식의 역동적인 흐름을 느껴보시는 새로운 경험을 하게 되실 것입니다.

좋은 작품을 출판하게 된 저자의 노고에 감사하며 앞으로 작가로서, 하나님을 예배하는 예배자로서 그리고 성경을 깊게 연구하는 신학생으로서 주님께 영광 돌리는 그가 되길 주님의 이름으로 기도드립니다.

2020년 1월 달라스에서
이 영
(달라스 쥬빌리 인터내셔날 교회 설립자)

머리말

　예배는 인간의 행위 중 가장 중요하며, 가장 고귀하고, 가장 값어치가 있는 일입니다. 누구에게 예배하느냐에 따라 사람의 삶은 크게 달라집니다. 처음부터 인간은 하나님을 예배하기 위해 창조되었고, 그 목적을 거부했을 때 인간은 타락하였습니다. 그 목적을 다시 회복하기 위해 예수님께서 이 땅에 오셔서 십자가에서 죽으셨고, 훗날 예수님께서 다시 오실 때 인간은 영원히 하나님께 예배하며 살아갈 것입니다. 예배는 모든 시간과 공간을 관통하는 키워드입니다. 이 소설은 그 예배 때문에 죽은 첫 순교자, 예배의 기원에 대한 것입니다.
　이 소설의 내용 중 창세기 4장, 마태복음 23장 35절, 누가복음 11장 51절, 그리고 히브리서 11장 4절을 제외한 모든 것은 소설적 허구입니다. 이 허구들은 예배란 무엇인가를 다루기 위해 추가되었습니다. 이 소설은 일견 가인과 아벨 이야기처럼 보이지만 사실 시편 23편과 마태복음 5-7장의 산상수훈 위에 가인과 아벨을 올려놓은 내용입니다. 시편 23편은 예배자의 여정을 그린 찬송시이며, 산상수훈은 예수님께서 성령을 받으시고 친히 광야에서 시험을 받으신 뒤 어떻게 예배하며 살아갈 것인가에 대한 말씀이기 때문입니다.

아벨은 믿음으로 가인보다 더 나은 제사를 하나님께 드려 의로운 자라는 증거를 얻었습니다. 우리도 아벨처럼 우리 몸을 하나님이 기뻐하시는 거룩한 산 제사로 드려야 합니다. 이것이 우리의 영적 예배이기 때문입니다. 이것이 하나님께서 찾으시는, 신령과 진정으로 드리는 참 예배의 인생입니다. 그렇게만 살 수 있다면, 아벨처럼 돌에 맞아죽어도, 믿음이 그렇게 말할 것입니다.

우리 모두 예배자로 살기를 소망합니다. 시편 23편의 여정을 무사히 마치기를 원합니다. 하나님을 찬양합니다.

2020년 1월

엘리엇 한

차례

추천사 _ 이영 (달라스 쥬빌리 인터내셔날 교회 설립자) ···• 4
머리말 ···• 6

에덴 이후 ···• 13
양치기 ···• 25
가인, 아담, 아벨, 하와 ···• 31
왼발 ···• 47
양 한 마리 ···• 54
골짜기 ···• 59
메뚜기 왕 ···• 67
양 한 마리와 양치기 ···• 87

메뚜기 왕과 그의 종 ····• 104
제사 ····• 113
불 ····• 126
짐승 ····• 135
가인, 아벨과 아담과 하와 ····• 144
붉은 도마뱀 ····• 168
가인과 아벨 ····• 174
새 에덴 ····• 185

번제단
위의
양치기

The Shepherd on the Altar

에덴 이후

　에덴에서 쫓겨난 이들의 땅에 해가 뜨기 시작했다. 별빛도 없고 달빛도 사그라진 새벽 검은 하늘에 금색 빛이 나타났다. 금색 빛은 섬섬 넓어지면서 어두움을 전전히 지워나갔다. 하늘이 밝아지면서 땅도 밝아졌다. 새벽어둠에 숨어있던 땅의 것들이 서서히 모습을 드러냈다.
　먼저 높은 나무의 나뭇잎들이 햇빛에 반짝이면서 갖가지 초록색을 보였다. 살랑거리는 아침 바람에 나뭇가지들은 조금씩 흔들리고, 막 지평선을 삐져나온 햇살이 나무들의 몸통을 금빛으로 칠했다. 그렇게 황금부채 물결 같은 아침 숲이 떠오르는 해를 먼저 맞이했다. 해가 막 지평선을 벗어났을 때, 숲 옆의 초원도 그림자를 벗고 나타나기 시작했다. 초원을 덮고 있던 안개도 물러나고 있었다. 이 안개는 생명을 지치게 만들고 우울하게 하는 잿빛 어두움이 아니었다. 오히려 안개는 밤새 지면에 머무르면서 모든 식물과 땅을 적셨다.

햇살이 안개를 천천히 밀어내자 초원의 풀 위에 앉은 물방울들이 햇살을 맞아 반짝였다. 안개가 없어져도 풀잎들은 밤새 마신 물로 싱싱한 연두와 초록을 자랑했다. 숲을 벗어난 바람이 초원에 도착하자 풀내음이 온 사방에 가득했다.

해는 이제 높은 하늘로 떠올라 숲과 초원을 넘어 흐르는 강들을 비추었다. 강줄기들은 거침없이 치고 나가 이리저리 나뭇가지처럼 뻗어나갔다. 거기서 나온 개천들의 손길을 받지 않은 땅이 없었다. 햇빛은 맑은 수면을 통과하여 강바닥과 개천 바닥을 환하게 비추었다. 나무들과 풀들과 강물들 모두 떠오르는 해의 축복을 받으며 다시 하루를 시작했다. 밤사이의 냉기는 가고 햇살이 에덴에서 쫓겨난 이들의 땅을 따듯하게 덮었다.

떠오르는 해는 이제 숲과 초원과 강물들 너머 다른 땅을 비추기 시작했다. 숲에는 높고 큼지막한 나무들이 호흡이 있는 이들을 내려다 본다면, 강 너머에는 아이가 조금만 용쓰면 기어 올라갈 수 있는 나무들이 있었다. 숲의 나무들은 일정한 모양 없이 제멋대로 자라지만, 이 나무들은 정확한 간격으로 일렬을 이루며 섰다. 양 옆으로 뻗은 가지들에는 남자 주먹의 반 크기만 한 열매들이 빼곡히 매달렸다. 열매들은 위쪽으로 뾰족하고 아래쪽은 둥글었다. 이 무화과들은 옅은 녹색에서 보라색으로 익어갔다. 그중 진한 보라색이

된 무화과들은 햇살만 닿아도 물러터질 것처럼 익어서 누군가 따주기만을 기다렸다.

무화과나무의 땅에서 조금 더 떨어진 곳에, 무화과나무보다 더 작은 나무들이 군사 대열처럼 정렬해서 아침을 맞이했다. 나뭇잎들은 더 작고 야들야들했으며 줄기들은 실처럼 가느다랗게 제멋대로 구부러지며 뻗었다. 가지 밑으로 송이송이 뭉쳐진 열매들이 매달렸다. 지난 보름달 이전의 보름달만 해도 포도송이들은 여전히 작고 단단하며 연두색으로 여전히 설익었지만, 이제 모두 자줏빛으로 변했고, 그중 절반 이상이 진한 보라색으로 익어갔다. 포도 익는 시큼한 내음이 포도나무 가지 밑과 담장 사이를 가득 채웠다. 주먹만 한 돌을 흙과 뭉쳐서 만들어진 담장은 어른 허리 높이만큼 높았다. 복이 말라 포도를 탐내는 늘짐승늘이 담장을 넘으려면 꽤 봉을 써야 했다. 담징은 포도나무 대열과 같은 방향으로 지평선까지 뻗어나갔다.

포도밭 담장 옆에는 어른 무릎 높이의 초록색 줄기와 잎들이 시커머죽죽한 흙 고랑에서 자라고 있었다. 아직 서늘한 봄에 씨를 뿌려 여름 내내 자란 콩들이었다. 무화과나무나 포도나무에 비하면 땅에 기어 다닐 듯이 낮게 자란 콩들이지만, 같이 땅에 낮게 깔리는 안개 때문에 여름 가뭄 걱정 없이 잘 자라주었다. 까슬까슬한 콩잎들 아래 오동통한 콩알들이 콩깍지 안에서 곧 밖으로 터져 나올 것 같았다. 이제 누렇게 물들어가기 시작해서 곧 있으면 추수할 수 있을 듯한 콩깍지도 제법 많았다. 연두색 콩잎들 사이에서 아침 바람에 조금씩 흔들리는 콩밭의 누런색들이 그 옆 밀밭에도 보이기 시작했다.

추수 때가 된 밀밭은 아침햇살을 받자마자 금빛 양탄자로 변했다. 그 양탄자는 콩밭 경계부터 시작해서 그 끝이 잘 보이지 않을 정도로 펼쳐나갔다. 밀 이삭 하나하나가 황금 솔기가 되어 아침 바람에 하늘거렸다. 작은 아이가 까슬까슬한 밀 이삭들 사이에서 이리저리 숨바꼭질을 할 수 있을 만큼 잘 자랐다. 밀 줄기뿐만 아니라 이삭에 빼곡히 달려 있는 밀알들도 햇살에 반짝였다. 여름 햇빛 그 자체를 쏟아부어 키운 밀알들이었다. 속이 꽉 찬 밀알들이 무거워 이삭들은 고개를 숙였다. 누가 툭 건드리기만 하면 밀알들은 이삭에서 툭툭 떨어져 나갈 것이다. 에덴에서 쫓겨난 이들의 땅은 금빛 밀 이삭들로 가득했다.

밀밭 한쪽 끝에 한 사내가 돌칼을 손에 쥔 채 숨을 고르고 있었다. 돌칼을 만지작거리는 손가락의 손톱은 갈라지고 거칠어서 윤기라고는 전혀 없었다. 손톱은 손가락 살을 파고 들어가고 있었고, 시커먼 흙먼지가 손톱 밑과 손가락 마디의 주름살에 잔뜩 끼어 있었다. 손가락들은 작은 나뭇가지처럼 굵고 마디마다 울퉁불퉁 튀어나왔으며, 손바닥은 무른 살 없이 온통 굳은살이 배겨 있었다. 그 굳은살도 어쩔 수 없었던, 농사일에 베이고 치이고 찢어진 잔 흉터들이 손바닥과 손등에 가득했다. 양 손과 함께 양 발도 흙 색깔로 물들어갔다. 흙에서 떨어져 본 적이 없었던 발바닥은 이게 흙인지 사람의 살인지 구분이 안 될 정도로 단단하고 검게 변했다. 다리털 속에 흙과 깨알만 한 돌들이 박혀서 많이 털어내야 했다. 종아리, 허벅지, 그리고 등도 털들로 수북했다. 털들 사이로 찔러 들어오는 햇볕에 사내의 등짝은 누렇다 못해 시커멓게 그슬렸다. 농사일이 만든 사내의 몸통은 군살 없이 툭 튀어나온 갈비뼈와 함께 돌덩어리 같은 근육으로 뭉쳐 있었다. 이 사내는 심지어 얼굴까지도 근육으로 만들어진 듯했다. 전혀 손을 대지 않은 수염이 네모지게 깎아지른 턱을 덮었고, 머리카락은 사자 갈기처럼 풍성했으나 어지러이 흐트러지지 않고 아침 바람에 휘날렸다. 적지 않은 시간 속에서 햇살이 그의 얼굴에 주름살과 검버섯의 왕관을 찍어 수었다. 사내는 두 눈으로 그가 다스리는 밀밭을 처음부터 끝까지 훑어보았다. 밀 이삭들은 사내에게 고개를 숙였다. 아침 바람이 살짝 거세지자 밀 이삭들은 이리저리 휘둘리며 떨었다. 사내는 돌칼을 쥐고 미소를 지었다.

  밤사이의 찬 기운을 뚫고 아침 해가 막 뜨기 시작할 때 사내는 추수를 시작했다. 이제야 아침 햇살이 드러나고 찬 기운이 조금씩 물러가고 있었지만 사내의 이마와 등은 이미 땀으로 젖어 있었다. 숨을 가다듬고 사내는 다시 밀 이삭들에게 다가갔다. 밀 이삭들의 허리 밑단을 움켜쥐고 사내는 돌칼로 한 호흡에 밀 줄기들을 베었다.

에덴 이후

베어낸 밀 이삭들을 잠시 땅에 내려놓고, 다시 사내는 또 밀 이삭을 한 움큼 잘랐다. 잘라낸 밀 이삭들을 던져두고 또다시 한 단을 잘랐다. 사내는 계속해서 추수를 해나갔다. 조금 전에 흐르던 땀이 식을 새도 없이 사내는 또 뜨거운 땀에 젖었다. 쓰러진 밀 이삭들이 금세 가득 쌓였다. 사내는 돌칼 날을 가죽옷에 닦고 다시 밀 이삭들을 잡으려 했다.

"가인아, 이제 이 정도면 충분히 많이 벤 것 같은데…."

밀밭의 다른 끝에 있던 남자가 말했다. 이 남자도 돌칼로 밀 이삭들을 베고 있었다. 무릎을 꿇고 밀 이삭들의 무거운 고개를 손으로 쓰다듬어 주며 남자는 물끄러미 베어낸 이삭들을 바라보았다. 남자의 생김새는 앞서 밀을 베던 사내와 그다지 다르지 않았다. 흙과 비와 바람에 치인 모습은 두 남자가 같았다. 다만 이 남자의 손바닥에 있는 넓고 두꺼운 굳은살은 가인의 것과 달랐다. 그것은 사람의 살이 아니라 말린 동물 가죽처럼 빳빳한 외피였다. 흘러가는 시간만이 만들 수 있는 손이었다. 남자의 발도 땅을 디디는 사람의 것이라기보다는, 흙에서 나고 자란 짐승의 것처럼 거칠고 질기며 뭉툭하고 짓이겨졌다. 통가죽 옷 사이로 드러난 등가죽은 비가 오지 않은 연못 바닥처럼 갈라지고 말라갔다. 검고 누런 머리카락들 가운데 윤기 없이 창백한 흰 머리카락들이 제법 섞여 목덜미까지 힘없이 흘러내렸다. 남자는 다시 밀밭 아래에 널브러진 밀 이삭들을 보며 한숨을 쉬었다. 새벽과 아침 내내 흘린 땀이 목덜미를 타고 통가죽 옷을 적셨다. 아침 바람이 불자 남자는 땀에 전 통가죽 옷의 차가움에 부르르 떨었다.

"아버지, 이것 갖고는 안 돼요. 더해야 돼요."

가인은 허리를 숙여 밀 이삭들을 다시 잡으려 했다. 아담은 고개를 들고 얼굴을 찌푸리며 말했다.

"많이 벤 것 같은데, 내일이 제산데 오늘 다 추수하고 나면 그걸 다 타작하고 가루로 만들 시간이 없다."

"형! 아버지 말씀이 맞아! 이만큼이면 제사 지내고도 남겠다. 이제 좀 쉬자고."

땅바닥에 앉아 가인이 베어낸 밀 이삭들을 밀 줄기로 묶어 밀단을 만들던 청년이 말했다. 청년의 얼굴과 등짝도 사정없이 내리 꽂히는 햇살 때문에 하얀 구석이 없었다. 허벅지와 종아리는 불뚱한 군살 없이 통나무처럼 단단했고 발바닥의 날은 좁고 날렵했다. 이 청년은 그동안 어디를 얼마나 걸었던지, 깨지고 어그러진 발톱들이 한둘이 아니었다. 들짐승들이 물고 할퀴고 뜯은 흉터들이 다리 여기저기에 가득했다. 그중에서도 청년의 왼발에는 제법 큰 흉터가 있었다. 어떤 짐승이 청년의 왼발을 물고 사정없이 흔들었는지, 제법 굵은 이빨이 박힌 자국들 사이로 살과 뼈가 찢어지고 다시 붙은 자국이 나 있었다. 청년은 비틀거리며 일어났다. 왼발을 딛자 청년은 얼굴을 조금 찡그리더니 살짝 절룩거리며 아담이 있는 밀밭 끝으로 걸어갔다. 아담의 발바닥 밑에 청년은 다시 주저앉아 널브러진 밀 이삭들을 모아 묶을 준비를 했다. 이미 가인과 아담이 새벽부터 베어낸 밀 이삭들이 밀단이 되어 밀밭 끝자락에 쌓이고 쌓여 밀단의 산이 되어 있었다.

가인은 밀 이삭을 베다 말고 아벨이 만든 밀단들을 유심히 보았다. 메뚜기 한 마리가 한 밀단 속에서 열심히 밀알을 갉아먹고 있었다. 가인은 즉시 달려와 나무 막대기를 집어 메뚜기를 쳤다. 밀 이삭과 밀알이 튀면서 메뚜기는 땅에 떨어졌다. 가인은 메뚜기를 밟아 짓이겼다. 메뚜기 머리와 배가 으득으득 터졌다. 가인은 허리를 수그려 터진 메뚜기를 살펴보고 발바닥에 붙은 메뚜기 다리와 내장을 손으로 털었다. 청년은 얼굴을 찡그리며 말했다.

"형은 정말 메뚜기를 싫어하는구나."

가인은 청년을 보지도 않고 땅에 침을 뱉으며 말했다.

"넌 좋냐? 메뚜기 처음 봐? 얘네들이 갉아먹은 밀만 모아도 한 달 치는 나온다. 지긋지긋하다."

가인은 다시 허리를 펴고 청년을 내려다보며 말했다.

"가능한 한 빨리 끝내야 한다. 내가 어제저녁 먹으면서 말했을 텐데. 밀을 얼른 거두고 콩, 포도, 무화과도 빨리 거두자고. 그리고 다시 밭에 올해 나온 씨 뿌려야지. 일 년에 한 번만 농사지을 거냐고. 오늘만 사는 것도 아니고 내일만 사는 것도 아니잖아. 포도와 무화과는 잘 말려놓고 밀과 콩은 잘 쟁여놓자고. 그러면 내년 이맘

즈음 굶을 일은 없을 거야."

"나도 어제저녁 먹으면서 말했지만, 여태까지 하나님께서 우리를 굶기신 적이 단 한 번도 없잖아."

밀밭 끄트머리에서 한 여자가 말했다. 크진 않았으나 정확하게 들리는 목소리였다. 여자는 마치 강물이 흐르듯이 밀밭 속으로 들어와, 가늘지 않은 팔뚝과 제법 굵은 종아리로 밀 이삭들을 헤치며 다가왔다. 가지런히 묶은 긴 머리카락들로도 가리지 못한 잔주름살들이 얼굴에 보였다. 햇볕을 많이 쬔 얼굴은 푸석했지만 흘러내린 땀으로 이마와 목은 번들거렸다. 여자는 한 손에 제법 묵직한 가죽 주머니를 들고, 가인이 가까이 보이자 입술을 굳게 다물고 눈썹을 올리며 쳐다보았다. 가인은 여자에게 말했다.

"어머니, 밀 다 빻으셨어요?"

하와는 오른손을 가인에게 내밀었다. 손은 온통 누렇고 거친 밀가루로 가득해 거칠거칠했다. 손톱 밑에도 밀가루가 꼈다. 하와는 양손을 탁탁 털고 손톱 밑 가루를 다른 손가락으로 긁어 뺐다.

"아침 내내 밀을 갈았다. 이제 그만해라. 아버지랑 아벨 말이 맞다. 내일 제사 지낼 만큼은 충분하다."

가인은 한숨을 쉬었다.

"어머니 어제저녁 때도 말했고 아까 또 아벨에게 말했지만, 일년에 한 번만 농사짓는 것도 아닌데, 좀 더 빨리 그리고 많이 해놔야 돼요. 지금 거둬들이는 것뿐만 아니라 어떻게 저장해야 할지도 생각해 봐야 하고…. 너무 일이 많아요."

"너무 일이 많기는…. 내일 제사 지낼 만큼 충분히 베었다니까. 이제 쉬면 일이 없어."

"어제 말씀드렸잖아요. 햇밀은 저희가 필요해요. 빨리 추수해서 얼른 다시 뿌리고 만일을 준비해서 창고에 넣어둬야 해요."

하와는 얼굴을 찌푸렸다.

"나도 어제저녁 때 말했고 지금도 또 말하는데, 이런 식으로 에덴은 오지 않는다."

가인은 하와에게서 고개를 돌려 멀리 밀밭 너머를 바라보았다. 가인은 다시 한숨을 쉬며 말했다.

"아벨아, 아버지 말씀대로 추수는 됐고, 아버지랑 나랑 타작을 할 테니 네가 가서 밀가루 좀 빻아 놔라."

"형, 어머니가 이제 안 해도 된다고 하시는데…."

가인은 밀단에 돌칼을 내던지더니 아벨을 보았다. 아벨은 왼발을 거두며 움찔거렸다. 아벨이 오른발로 땅을 디디며 일어서려는데, 하와가 가죽 주머니를 아벨의 손에 안겼다.

"어제 아버지도 말했듯이 아벨도 오늘 할 일이 많다. 이거 갖고 가서 먹으면서 양 쳐라."

가인은 양손을 허리춤에 올리고 아벨과 하와에게 다가왔다.

"어머니, 지금 일손이 너무 없다니까요. 아벨까지 없으면 이거 다 오늘 내로 못해요. 양들은…."

가인의 말을 들었는지 못 들었는지, 하와는 아벨의 등을 떠밀며 말했다.

"빨리 가. 이러다가 또 해 지고 나서 돌아올라. 내일 제물로 드릴 양 한 마리 봐 두는 것 잊지 마라."

아벨은 가죽 주머니를 들고 주섬주섬 일어나더니, 하와를 한 번 슬며시 보고 다시 가인을 슬그머니 보았다. 가인은 집어던진 돌칼을 주워들었다. 돌칼을 쥔 손에 핏줄이 섰다. 가인은 아벨을 보고 다시 하와를 보았다. 가인의 등 뒤로 멀리서 아담이 말했다.

"가인아, 밀가루는 내가 빻을 테니, 넌 마저 추수나 해라."

하와가 말했다.

"여보, 내일 제사 지낼 만큼 있다니까요. 오늘은 쉬어요."

아담이 밀밭에서 나와 돌칼을 옷에 닦고는 한숨을 쉬며 말했다.

"해가 수천 번 뜨고 질 동안 쉬는 날이 언제 있었나. 손은 쉴 수 있어도 배고픔은 쉬지 않아."

아담은 가인의 어깨를 손으로 툭 쳤다.

"가서 오늘 싸그리 다 베어놓고 있어. 밀 다 빻고 나도 가능하면 같이 하자."

가인은 아담의 말이 끝나자마자 밀밭으로 뛰어 들어갔다. 아담은 아벨의 어깨도 툭 쳤다.

"우리 걱정 말고 양들 먹이고 돌다 와라. 저녁때 마실 양젖 좀 짜 놓고. 제물로 드릴 양도 봐 둬라. 날 때부터 이상하거나 상처가 있

에덴 이후

거나 그런 양은 안 된다. 말 안 해도 알지?"

아벨은 고개를 끄덕이고 나서 가죽 주머니를 들고 밀밭을 떠나 지평선 근처의 언덕배기를 향해 지척거리며 걸어갔다. 그의 뒤에서 하와가 소리쳤다.

"꼭 해 지기 전에 돌아와야 한다!"

양치기

아벨이 언덕배기를 넘자 길고 억센 풀들이 검붉은 돌들 한가운데 듬성듬성 나 있는 평야가 밑으로 펼쳐졌다. 밀리시도 아침을 맞아 일어난 양들이 보였다. 양 떼는 돌과 흙으로 만들어진 돌담 울타리 안에서 쉬고 있었다. 형제들이 태어나기 전에 이미 아담은 양 몇 마리를 야생에서 잡아왔다. 아담은 한 나무 그늘을 기점으로 삼아 넓은 곳을 돌담으로 막아 잡아온 양들을 그 안에서 길렀다. 이제 그 양 몇 마리가 떼가 되어서 그 울타리는 너무 좁았다. 돌담은 어른 가슴팍만큼 높아서 맹수들이 뛰어도 넘을 수 없었다.

아벨은 울타리의 대문 쪽으로 걸어갔다. 대문은 기둥으로 삼은 양쪽 돌들에 구멍을 뚫고, 어른 손목 정도 굵은 통나무를 이리저리 몇 개씩 끼워놓은 것이었다. 아벨이 대문 가까이 가자, 양들은 발자국 소리를 알아듣고 대문 가까이로 모여들었다.

"다들 잘 잤어?"

아벨은 통나무 대문 사이로 팔을 뻗어 양들의 머리를 쓰다듬었다. 양들은 아벨의 손을 핥았다. 아벨은 다시 손을 뻗어 울타리 안쪽에 기댄 나무 지팡이를 잡았다. 지팡이는 아벨의 키만큼 길고 곳곳에 짐승이 발톱으로 할퀴고 이빨로 문 자국이 나 있었다. 아벨은 지팡이를 부여잡고 뒤돌아서 멀리 지평선을 보고 웅얼거렸다.

"하나님, 오늘도 좀 도와주세요. 짐승들로부터, 험한 날씨로부터 우리 양들을 지켜주세요. 저도 좀 지켜주세요. 다리가 빨리 낫지도 않고 오히려 더 아파지는 것 같아요. 잘 뛸 수 없으니 뛰어야 하는 상황이 없었으면 좋겠습니다."

아벨은 대문의 통나무들을 위에서부터 하나씩 빼어 울타리 담벼락에 세웠다. 마지막 통나무를 빼자 양들이 천천히 쏟아져 나왔다. 맨 앞의 양을 선두로 양 떼는 무리를 지어 지평선을 향해 걸어갔다. 울타리 안에서 여전히 꾸물거리는 양들을 보고 아벨은 지팡이로 양들의 엉덩이를 쿡쿡 찔렀다. 굼뜬 양들은 마지못해 대문을 향해 꾸역꾸역 나갔다. 멀리 앞서 가던 선두의 양들이 조금씩 자기 마음대로 가기 시작하자 한 방향으로 가던 양 떼는 금세 두 방향으로 갈라지고 세 방향으로 흩어지려 했다. 아벨은 혀를 찼다.

"매번 이러네. 이 녀석들이. 너네 마음대로 다니면 짐승 밥밖에 안 돼!"

아벨은 있는 대로 속도를 내어 이리저리 다니며 양들을 지팡이로 툭툭 쳐서 모았다. 양들은 아벨에게 치이며 다시 주춤주춤 한 방향으로 나아갔다. 문득 아벨은 발 주변에 뭐가 치여서 내려다보았다. 미처 성년이 되지 못한 양 새끼 한 마리가 아벨의 발목에 머리를 비비적대고 있었다. 다른 양 새끼들은 자기 어미들을 열심히 따라가고 있었지만, 이 양은 아벨 주위를 떠나지 않을 것 같았다. 아벨은 허리를 굽혀 양 새끼를 안아주고 머리와 등을 쓰다듬었다. 양 새끼는 아벨의 손을 핥았다.

"잘 잤어? 어서 아침 먹으러 가자!"

아벨이 걸어가자 양 새끼는 아벨을 쫄랑쫄랑 따라갔다. 아벨이 양 떼 옆에서 걸어가면 양 새끼도 같이 걸어가고, 아벨이 양 떼의 앞쪽으로 내달리면 양 새끼도 앞으로 달려갔다. 때로는 아벨의 종아리에 내달려 머리를 박으며 장난도 쳤다. 아벨이 그 모습을 보며 웃자 양 새끼도 울며 더 까불었다.

해가 꽤 높이 떴을 때에야 아벨은 양 떼를 멈추게 했다. 아벨과 양 떼가 도착한 곳은 작지 않은 제법 큰 산 밑이었다. 양들은 풀잎을 베어 먹지 않고 뿌리째 뽑아 먹기 때문에, 아벨은 매주 새로운 곳을 찾아 나서야 했다. 이 산은 아벨이 몇 번 눈여겨봐 둔 곳이었다. 산 밑과 옆으로 펼쳐진 땅에는 풀들이 제법 나서 양 떼가 배를 꽤 불릴 수 있을 것 같았다. 근처 숲으로는 흐르는 시내가 있어 양치기와 양 떼가 목도 축일 수 있었다. 산 정상에서 내려오는 시원한 바람도 오래 걸어 지친 아벨과 양들을 위로할 것이다.

다만 산 뒤쪽은 아벨이 한 번도 가본 적이 없었다. 풀의 양을 보아하니 굳이 산 뒤쪽까지 가지 않아도 될 듯싶었다. 맹수들이 산을 넘어오면 즉시 양 떼로 내리 달려올 수 있지만 아벨은 별다른 걱정이 들지 않았다. 아벨은 산 중턱의 바위에 올라가 이리저리 둘러보더니 하늘을 보고 말했다.

"하나님, 오늘은 여기 있겠습니다. 감사합니다."

양들은 비로소 이리저리 흩어졌다. 어떤 양들은 시냇가에서 고개를 숙였고, 다른 양들은 풀을 뜯기 시작했다. 땅에 풀썩 주저앉아 쉬는 양들도 있었다. 아벨도 바위에 걸터앉아 가죽 주머니를 어깨에서 풀었다. 가죽 주머니 안에서 고소하고 향긋한 단내가 올라왔다. 아벨은 가죽 주머니 안에 손을 넣어 보았다. 한 움큼 꺼내보니 찐 밀, 삶은 콩, 건포도와 말린 무화과가 손에 가득했다. 가인을 비롯한 온 가족이 해 아래서 땀 흘리며 몸이 축나도록 일해서 얻은 열매들이었다. 아벨은 밀, 콩, 그리고 건포도를 입 속에 털어 넣고 우물거렸다. 적당히 쪄진 밀은 제법 씹는 맛이 있었고 구수한 향내가 콧속으로 올라왔다. 콩도 딱딱하지 않고 입안에서 고소하게 부서졌다. 밀과 콩이 조금 싱거운 것 같았지만 이내 건포도가 짜릿한 신맛과 단맛을 주며 식욕을 돋웠다. 아벨은 입안에 든 것들을 다 삼키기도 전에 말린 무화과 하나를 베어 물었다. 꾸덕한 무화과 과육 속에 자잘한 무화과 씨들을 씹자 짜작짜작 소리가 나며 달콤함이 콧

등이 찡하도록 돌았다. 다시 아벨은 볼이 빵빵해지도록 밀과 콩을 손 한가득 꺼내어 입안에 밀어 넣었다. 한참을 씹고 아벨은 밀밭 쪽을 보며 말했다.

"가인 형, 참 대단해."

아벨은 눈을 더 들어 밀밭 너머 땅을 바라보았다. 가인이 경작한 땅은 아직 경작되지 않은 땅에 비하면 한줌이었다. 가인의 손길이 닿지 않은 땅이 아벨의 눈 닿는 구석구석에 있었다. 지평선 너머로는 더 있을 것이다. 아벨은 입안의 것을 삼키고 한숨을 쉬며 말했다.

"저걸로도 형은 성이 차지 않겠지."

발목 밑이 가려워 아벨은 먹다 말고 내려다보았다. 쫄랑쫄랑 아벨을 따라오며 장난치던 양 새끼가 아벨의 발목에 또 비비적거리고 있었다. 양 새끼가 웃고 있는 아벨을 올려다보았다. 아벨은 가죽 주머니를 끌어당기며 말했다.

"이 녀석이 가서 풀은 안 뜯어먹고. 이제 이거 버릇될라."

아벨은 가죽 주머니 안에서 밀과 콩을 꺼내어 양 새끼의 입가에 갖다 댔다. 양 새끼는 혀로 날름날름 아벨의 손바닥을 훑으며 먹어 치우고 다시 고개를 들었다. 아벨은 또 손바닥 한가득히 꺼내며 말했다.

"자 이제 마지막이야. 다른 애들하고 같이 가서 풀 뜯어야 돼."

양 새끼는 아벨의 손바닥에 고개를 처박고 오물오물 먹었다. 아벨은 다른 손바닥으로 양 새끼의 목덜미를 만지작거리며 말했다.

"너 엄마 안 보고 싶어?"

양 새끼는 얘기를 들었는지 못 들었는지 계속 우물우물 먹기만 했다. 아벨은 왼발의 이빨 자국과 양 새끼를 번갈아 쳐다보았다. 양 새끼는 이제 아예 고개를 가죽 주머니 입구로 가져가서 다 털어먹으려는 것 같았다. 아벨은 지팡이 끝으로 양 새끼 엉덩이를 꾸욱 밀며 말했다.

"이제 안 줄 거야. 가서 또래들이랑 풀 뜯어먹어."

매애거리며 우는 양 새끼를 바라보며 아벨은 가죽 주머니 입구를 움켜쥐고 고개를 절레절레 내저었다. 양 새끼는 고개를 휙 돌려 촐랑촐랑 뛰어가 풀 뜯는 양 무리 사이로 사라졌다. 아벨은 다시 가죽 주머니에서 밀알과 콩알들을 꺼내보았다. 밀알은 터질 듯이 탱탱했고 콩알은 햇빛에 윤기가 흘렀다. 밀과 콩 냄새를 맡자 아벨은 어제저녁 식사가 생각났다. 아벨은 어제저녁 때도 찐 밀과 삶은 콩을 먹었다. 아벨은 머리를 흔들고 밀밭 반대편으로 시선을 돌렸다. 그래도 어제 저녁식사를 잊을 수 없었다. 아벨은 그때를 천천히 떠올리기 시작했다.

가인, 아담, 아벨, 하와

　이미 땅거미가 진 지 오래된 밤이었다. 바깥 어둠 속에서는 달빛만 보였고, 집안 어둠 속에서는 어지러이 타고 있는 모닥불만 보였다. 불 위에 얹힌 토기 두 개 속에 무언가 자글자글 끓었다. 하와는 불 바깥 땅바닥에 쭈그리고 앉아 머리를 무릎 사이에 끼고 졸고 있었다. 불꽃 속에서 나뭇가지들이 탁탁 소리를 내며 타도 하와는 깨지 않았다. 집 바깥에서 인기척이 나더니 세 남자가 터벅터벅 들어왔다. 아담과 가인, 그리고 아벨은 모닥불 곁에 쓰러지듯이 앉았다. 세 남자 모두 얼마나 땀을 많이 흘렸는지, 땀이 말라 남긴 허연 소금기가 온몸에 가득했다. 머리카락은 흙까지 뒤집어써서 먼지가 풀풀 날렸다. 두 손과 두 발에 미처 씻어내지 못한 흙이 굳은살 사이사이로 끼어있었다. 세 남자가 쓰러지는 소리에도 하와는 깨지 않았다. 실핏줄이 붉게 선 눈으로 하와를 보더니 아담은 비틀거리며 일어났다.

"엄마도 피곤하구나. 일단 뜨자."

아담은 한 구석으로 가더니 양젖이 든 가죽 자루를 들고 나왔다. 아벨이 양젖을 담아 마시려고 토기 그릇을 몇 개 갖고 나왔지만, 이미 아담과 가인은 번갈아 가며 가죽 자루에 입을 대고 꿀꺽꿀꺽 마시기 시작했다. 대강 마신 후에 아담은 그릇 한 개를 집더니 불 위의 냄비에서 밀과 콩을 담아 나눠주었다. 아벨은 즉시 그릇에 코를 박고 먹기 시작했다. 아담도 말없이 목구멍으로 음식을 부어 넣었다. 가인은 그릇에 담긴 것들을 보자 말했다.

"어, 빵이 없네요."

"오늘 밀가루 만들 시간이 없었던 거 너도 알지? 오늘만 이거 먹자."

어느새 잠이 깬 하와가 부스스 고개를 들며 말했다. 가인은 얼굴을 찌푸렸다.

"그럼 내일 얼른 햇밀 베어서 드릴게요. 햇밀가루로 만든 빵 먹고 싶어요."

가인은 토기를 바닥에 놓고 구석의 건포도와 말린 무화과를 집어 들었다.

"형, 배가 덜 고프구나. 오늘 그렇게 미친 듯이 땅 파고도 먹는 거 투정하네."

아벨이 말했다. 가인은 무화과를 베어 물고 웃으며 말했다.

"그러게. 힘들게 일한 날은 빵이라도 먹어야 기분이 좋지."
하와도 그릇을 집어 들며 말했다.
"가인아, 내일은 제사 지낼 만큼만 거두고 좀 쉬자꾸나."
"어… 좀만 더 고생해야 될 것 같아요. 새 밭이 더 필요해요."
하와는 눈썹을 올렸다.
"얼마큼 더 필요한데? 우리 네 식구 먹을 만큼 이미 땅 있지 않아?"
가인은 이마를 찌푸렸다.
"그동안 굶어 죽을 뻔했잖아요. 작년에도…."
하와도 이마를 찌푸렸다.
"무슨 소리를 하는 거냐. 작년에 굶어 죽을 뻔한 적 없다. 내가 이 땅에 사는 농안 단 한 번도 굶어 죽을 뻔한 기억이 없다."
"아니 그걸 지금 또 말해야 하나? 생각 안 나세요? 백 넌이 넘게 매년 간당간당했잖아요. 아버지 어머니 혼자 일군 밭으로는 네 식구가 빠듯하니까, 맨날 추수 때까지 햇밀 어떻게 되나 걱정하고, 매일 남은 밀이랑 콩이랑 계속 세어보고. 막판에는 다시 숲이나 들판에 나가서 야생 열매를 따와야 하나 온 식구들이 얘기하고…. 이제 그런 시간은 다시 보내지 말자고요. 전 아예 생각하고 싶지도 않아요."
"너야말로 계속 이것저것 세어보고 밭에 나가 걱정이나 했지. 나는 그러지 않았다. 너야 굶어 죽을 것 같아서 그 부산을 떨어댔지만 나는 하나님께서 다 주실 줄 알았다."

가인은 한숨을 쉬었다.

"아, 그러니까… 물론 그렇긴 한데요… 꼭 그렇게 살 필요는 없잖아요. 눈에 보이는 게 있으면 더 좋잖아. 아벨아, 넌 어떠냐? 너도 그동안 기억나지?"

아벨은 먹다 말고 고개를 들어 가인을 보았다.

"어 형, 그러니까 뭐 좀 목을 조여 오는 기분이긴 했지. 먹을 거 없어져가는 걸 보는 게, 그렇게 기분 좋진 않더라고. 그렇지만 나도 그다지…."

가인은 말허리를 잘랐다.

"그냥 기분이 안 좋으니까 많이 해놓자는 말이 아니잖아. 여러 번 말했다고…."

가인은 무화과를 여러 개 집어 들며 말했다.

"생각해 보라고. 우리 지금 뼈 빠지게 고생고생하며 살고 있잖아. 계속 그렇게 살고 싶어? 우리는 그렇게 산다 치고. 그럼 우리 애들은? 그 애들의 애들은? 그다음 애의 또 애들은? 그 애들도 계속해서 땀 흘리게 할 거야? 기껏 죽어라 일했는데, 다음 해 또 굶지는 않을까 매일 밤 조마조마하며 잠 못 자게 할 거냐고?"

가인은 일어섰다. 손바닥 위에 무화과 여러 개를 보며 말했다.

"새 밭을 더 많이 만드는 거야. 우리 먹고도 곡식과 열매가 좀 남겠지. 지금처럼 남은 건 잘 말리고 쟁여놓자고. 이 땅에 사는 사람들이 많아질 거야. 그럼 더 많은 밭을 더 빨리 만들 수 있겠지. 더 많이 남고 더 많이 쟁여놓고. 한 해 한 해 먹을 게 없을까 봐 걱정할 필요 없잖아? 혹시 농사가 잘 안 되더라도 쟁여놓은 것으로 살면서 다음 추수 때까지 참으면 되는 거야."

가인은 아벨의 그릇에 무화과 몇 개를 넣어주었다.

"쟁여놓은 물건이 많으면 그 사람들이 다른 사람들에게 줄 수도 있고 서로 바꿀 수도 있겠지. 우리가 아직 농사를 지어보지 않은 것들도 많잖아? 아버지 머릿속에 있는 것들의 반도 아직 안 지어봤다고. 우리가 평생 농사지어도 다 못해볼 수도 있어."

가인은 아담을 보며 말했다. 아담은 듣는지 안 듣는지 여전히 그릇에 얼굴을 박고 먹기만 했다.

"사람들은 자기가 원하는 것이 다른 사람의 손에 있다면 서로 쟁여놓은 것을 바꾸고 그럴 기야. 자기가 원하는 모든 것을 다 지을 수 있는 사람은 없으니까. 그러면 서로 부족한 것을 채워주니까 더 좋을 거라고. 우리보다 더 똑똑해서 농사를 더 잘 짓고 곡식과 열매들도 서로 다투지 않고 잘 바꿀 수 있게 하는 사람들도 나타나겠지? 그 사람들 말대로 하면 모두 잘 살 수 있을 거야. 그 사람들을 중심으로 모든 이들이 뭉쳐서 따라가기만 하면 된다고….

나중에 정말 사람들이 많아지면 농사짓는 법, 쟁여놓는 법, 사람들을 모으는 법, 물건 바꾸는 법 같은 것을 가르칠 수도 있을 거야. 그런 것들만 가르치는 사람들이 있겠지. 왜냐하면 아주 많은 사람들이 알고 있는 것을 모았기 때문에 그걸 일일이 사람 하나하나가 다 전해줄 수 없다고.

　먹을 것도 많고 배울 것도 많으면 사람들은 더 많이 갖고 싶고 배우고 싶겠지. 서로 싸우면 안 되니까 힘세고 날렵한 사람들을 따로 두어서 모든 것을 지키게 하는 거야. 무슨 일이 일어나지 않게 미리미리 말해두는 거지. 서로 싸우거나 하면 힘센 사람들에 의해서 벌을 받는다고. 날이 갈수록 사람들은 더 싸우지 않고 잘 모여서 열심히 살 수 있을 거야. 더 많은 사람들이 모였으니 더 좋은 것들이 그들 사이에서 나타날 거야. 우리야 우리 가족밖에 없지만 그들은 많은 이들이 있으니까 더 많이, 더 빨리, 더 좋은 생각들을 할 거라고.

　그렇게 한 해 한 해 계속 살아간다면… 그들은 우리처럼 땀 흘리고 걱정하는 일은 없을 거야. 영원히.”

　아벨은 가인이 그릇에 준 무화과를 뜯어먹으며 말했다.

　“오… 대단한데? 그렇게만 된다면 사람들이 형을 영원히 이야기하겠는데?”

　아벨은 그릇을 땅에 놓고 일어서더니 팔을 벌려 말했다.

　“이렇게 말하겠네. '여러분 오늘은 바로 우리 조상 가인이 태어난 날이오. 우리가 기억할 수 없는 그 옛날에 그는 우리가 땀 흘릴 것을 알고 미리부터 고생하며 이것들을 준비했소. 가인을 영원히 기억합시다.'”

　가인은 씨익 웃었다.

"나쁘지 않은데? 사람들은 말하겠지. 처음 사람인 아담의 아들 가인, 사람의 아들 가인, 우리의 땀을 닦아주고 마음을 즐겁게 한 이, 우리를 영원히 배고프고 목마르지 않게 한 분. 좋은데?"

아벨은 다시 바닥에 앉았다.
"그런데 농사가 반드시 잘된다는 법은 없잖아. 우리도 몇 번 그랬고. 쟁여놓은 음식을 까먹으면 사람들이 서로 더 가지고 싶어서 싸우는 거 아냐?"
"어 맞아. 내가 방금 말했잖아. 그럴 수도 있지. 그러면 사람들이 음식과 자신을 지킬 준비를 해야겠지. 몇몇 사람들이 나무 몽둥이 들고 창고 앞을 지키는 거야. 그 사람들은 밥 먹고 그것만 하는 거지."
"그런데도 농사가 더 안 되어서 쟁여놓은 것도 없어지면?"
가인은 잠시 말이 없었다.
"뭐, 넌 그런 생각까지 하냐?"
"아니 형이 새 밭을 계속 만들자는 게 결국 뭐든지 잘 안 되는 걸 생각해서 그러는 거 아냐? 그러면 농사가 계속해서 잘 안 되는 경우도 있을 거 아냐?"
가인은 잠시 손으로 턱을 만지며 불을 바라보다 말했다.
"뭐 그런 일이 안 일어나면 좋지만…. 네 말도 맞네. 무슨 일이 일어날지는 모르지. 농사는 계속 잘 안 되는데 쟁여놓은 건 계속 없어지고 그러면….”

가인은 갑자기 고개를 돌려 아벨을 똑바로 보았다.

"그러면 나무 몽둥이 든 사람들을 많이 모아서 다른 사람들 것을 가져와야겠지?"

아벨은 입을 다물지 못했다.

"정말 그렇게 할까? 그게 말이 돼?"

가인은 어깨를 움츠렸다.

"굶는 것보다는 낫잖아?"

"형은 굶는 게 정말 싫구나."

가인은 쓴웃음을 짓더니 아벨의 그릇을 빼앗았다.

"그럼 넌 오늘 저녁 굶어. 굶으면 죽는다고."

"죽는다고? 형은 사람이 죽는 거 본 적 있어?"

흙으로 돌아간다는 말만 들었지, 실제 흙으로 돌아간 이는 아직 아무도 없었다. 당연히 흙으로 돌아가는 것을 본 사람도 아무도 없었다. 이렇게 사람이 피와 살로 되어있는데 어떻게 흙으로 변하는지 아무도 알지 못했다. 가인은 가만히 땅바닥의 흙먼지를 조금 집어들었다.

"나도 모르지. 근데 짐승들이나 식물이 죽는 거 보면 비슷하지 않겠냐?"

"짐승들은 어떻게 죽는데?"

"양치기가 그걸 몰라서 물어? 태어나서 나가서 풀 뜯어먹다 울다가 똥 싸다가 다시 밤에 들어와서 자고 다시 나가서 풀 뜯어먹다 울다가 똥 싸는 거지. 풀 못 먹으면 굶어 죽고 못 걸으면 짐승에게 먹혀 죽고 그것도 아니면 어느 날 그냥 푹 쓰러져 못 일어나는 거지."

"그럼 우리도 그렇게 죽는 거야? 언제?"

"언제는…. 나도 모르지. 본 적이 있어야지."

가인은 흙먼지를 땅바닥에 내던지며 손을 털었다.

"그러니까 풀 못 뜯어먹은 양처럼 굶어 죽지 않으려면 내일 또 일하자고."

아벨은 가인에게서 다시 그릇을 빼앗아갔다.

"그럼 우리가 작년에 간당간당했던 이유가 더 많은 밭이 없어서고, 준비를 충분히 안 해서야? 그렇게 쉴 틈도 없이 매일매일 일했는데?"

"그러면 뭐겠냐?"

아벨은 왼발을 가인에게 툭 내밀었다.

"그러면 내 발은 왜 이렇게 된 거야? 무슨 준비를 안 해서야?"

"왜 갑자기 뜬금없이 네 왼발을 얘기하고 그래. 그게 무슨 상관이야?"

"궁금하잖아. 굶어 죽지 않으려면 열심히 준비해야 된다며. 난 굶어 죽기도 싫고 이렇게 짐승에게 물려 죽기도 싫어. 그런데 물렸잖아. 그럼 그게 내가 열심히 준비를 안 해서야?"

가인이 우물거리며 뭐라 말하려 했다. 아벨은 눈을 들어 하와를 보았다. 하와의 그릇에는 음식이 그대로 남아있었다. 숟가락도 깨끗했다. 하와가 고개를 들고 말했다.

"아무리 새 밭이 많고 사람들이 많아져도 그런 좋은 때는 오지 않을 거야."

가인은 고개를 돌려 하와를 보았다.

"왜요?"

하와는 아무 말도 하지 않고 문 밖 하늘을 보았다. 저 멀리 지나가버린 지 너무 오래된 무언가를 보고 있는 듯했다. 아벨도 말없이 하와를 보았다. 가인도 하와를 보았다. 세 사람은 모두 잠시 입을 열지 않았다. 아담이 음식을 우적우적 씹는 소리만 집안 가득히 울렸다. 꿀꺽 삼키는 소리가 들리고 나서야 하와는 입을 열었다.

"내가 너로 여자와 원수가 되게 하고 네 후손도 여자의 후손과 원수가 되게 하리니 여자의 후손은 네 머리를 상하게 할 것이요 너는 그의 발꿈치를 상하게 할 것이니라."

아벨은 움찔했다. 누군가 하와가 아닌 다른 이가 하와의 입을 빌어 말하는 듯했다. 아벨이 태어나기도 전의 한참 전의 누군가였다. 그 말이 애초에 떨어진 곳도 저녁 내내 타오르던 모닥불이 아니었다. 이 땅이 상하기 전, 이 땅을 만드신 이가 거하시는, 거룩한 땅이었다. 하와는 문 밖 밤하늘을 보며 말했다.

"우리 후손이 뱀의 머리를 밟을 때까지 에덴은 오지 않아. 너희의 아들이지만 우리하고 다른 아들이겠지. 우리는 뱀을 이기지 못했지만 그 아들은 온전히 하나님 말씀을 따를 수 있을 거야. 그래서 뱀의 머리를 짓밟아 이길 수 있겠지. 그때가 되면 하나님이 우리도, 이 땅도 다시 되돌려 놓으실 것이야."

가인은 무화과 꼭지를 이로 뜯고서 '퉤' 하고 뱉었다. 그리고 나머지 무화과를 입안에 넣고 씹으며 말했다.

"어머니, 그니까…. 어머니 말씀이 틀리다는 게 아니고요, 그 예언이 틀린 것도 아닌데, 우리 후손이 뱀 밟을 때까지 굶을 수는 없잖아요. 그러니까 아벨, 양들은 내일도 콩 좀 주고 아버지랑 나 좀 도와줘."

"하아, 잘 모르겠는데…."

아벨은 고개를 내리 저었다. 가인은 무화과를 씹다 멈췄다.

"야, 양들이랑 노닥거리지 말고 내일 좀 도와달라니까?"

아벨은 고개를 들어 밤하늘을 보며 말했다.

"난 양 치면서 노닥거린 적 없는데…. 형도 양 많이 쳐봤으면서 그렇게 말하면 안 되지."

가인은 계속 무화과를 우물거리며 씹었다.

"하나님은 양 치는 곳에 늘 계셔. 멍하니 있는 시간이 아니야. 물론 좀 쉬기도 하면 좋겠지만…. 그리고 난 형 이야기 잘 모르겠어. 당장 먹을 거 있는데 이렇게 몰아치는 거, 별로야. 새 밭이 중요하다 치자. 왜 이리 추수는 서두르는 거야? 저만큼이면 내일 제사 지낼 만큼 많다니까….”

아벨은 바깥을 가리키며 말했다. 가인은 고개를 가로저었다.

"아 이번 제사 때는 햇밀은 가져가지 않을 거야.”

하와는 눈을 동그랗게 떴다.

"햇밀을 안 가져갈 거라고? 그럼 제사 때 뭘 올려드릴 거니?”

가인은 하늘을 손가락으로 가리키면서 말했다.

"아니…, 하나님이 꼭 햇밀이나 해콩을 제사 때 쓰라고는 안 하셨잖아요. 아니 이 모든 땅을 만드시고 다 가지신 분이, 좀 묵은 거 드린다고 굶으실 거는 아니잖아요. 반면에 우리는 이 햇밀이 꼭 필요하다고요. 새 밭에 당장 햇밀을 뿌리고 싶고, 또 우리도 좀 먹게 쟁여놓고 그러려고요.”

"아버지가 매년 제사 때마다 그해 소산을 드린 것 같은데. 너도 그걸 몇 십 년 이상 옆에서 지켜보지 않았니?”

가인은 팔을 벌리며 한숨을 쉬었다.

"어머니, 제가 방금 말씀드렸잖아요. 제사에 꼭 햇밀, 해콩, 햇과일을 써야 한다는 하나님 말씀이 없었잖아요. 저 하나님께 감사하는 마음이 없는 게 아니에요. 묵은 곡식만으로도 충분히 감사드릴 수 있다고요. 하나님이 그렇게 쩨쩨하신 분이 아니라고 생각해요. 그리고 제가 햇곡식이 좀 필요해요. 아무래도 새 밭에 묵은 씨보다 새 씨를 뿌리는 게 좋잖아요. 묵은 씨 뿌려서 소산이 적게 나오는 것보다 훨씬 낫다고요. 나중에 새 밭이 많아져서 그때 한 해 소산이 넘치고 풍성해지면 햇곡식이 엄청 많이 나올 거예요. 그때 많이 드리면 하나님께서도 분명히 더 기뻐하실 거예요."

하와는 눈썹을 올렸다.

"나는 네가 하나님을 더 생각해서 그러는 건지, 아니면 새 밭을 더 생각해서 그러는 건지 헷갈리는구나. 당장 먹을 게 있는데도 새 밭 얘기가 끊임없이 너에게서 나오고 있어."

가인은 씹던 것을 삼키고 어이없다는 듯이 고개를 절레절레 내저었다.

"모두들 잘 아는 것 같은데, 왜 또 같은 소리를 해야 하는지 모르겠네요. 다시 한번 말할게요. 새 밭 만드는 거 하나님이 싫어하시는 게 아니잖아요. 우리 당장 먹을 거 있어요. 당장 먹을 거 없어서 이러는 거 아니에요. 조금만 더 새 밭을 만들자는 거예요. 조금만 더 하면 매년 추수 때마다 밀 안 떨어졌는지 세어보지 않아도 되고, 콩 안 떨어졌는지 항아리 안 들여다봐도 되는 거예요. 그리고 조금만 더 앞으로 내다보자는 거예요. 사람들이 많아질 거예요. 그러면 이렇게 매해 먹을 것만 간당간당 농사지을 순 없어요. 무슨 일이 일어나서 농사가 잘 안 될 수도 있는 거잖아요. 그러면 그때 가서 '어 먹을 게 없네' 하면 안 되잖아요. 새 밭 만드는 거, 이게 싫은 사람은…. 무슨 일 일어나면 그때 하나님이 도와주시는지 안 도와주시는지 한 번 보든지요."

하와가 갑자기 바닥을 박차고 일어섰다.

"나는 네가 마지막에 말한 것이 정말 맘에 들지 않는구나."

가인은 아무 말이 없었다. 하와는 한숨을 쉬었다.

"나도 너처럼 생각하던 때가 있었지."

가인은 여전히 아무 말이 없었다.

"나도 너처럼 생각했지. 에덴에서 쫓겨난 다음에 아버지랑 나랑 새벽부터 낮까지 밭을 일구고 다시 오후에는 숲과 들판으로 나가서 열매를 따왔어. 첫 추수를 하기 전까지는 매일 그랬어. 아침에 눈을 뜨면 해 아래 밭 일구는 게 얼마나 힘든지 생각했지. 그거 끝나면 '오늘은 숲에 열매가 있을까' 하고 걱정했어. 온종일 생각하는 게 '오늘 굶지만 말아야지'였지. 그렇게 살다가 첫 추수를 했어. 드디어 산으로 들판으로 안 다녀도 되는 거야. 그런데…."

"아버지가 첫 추수를 몽땅 제사에 바치셨죠. 많이 들었습니다. 그래서 다음 추수 때까지 또 산으로 들판으로 다니셔야 했죠."

가인이 내뱉었다. 아담은 먹기만 했다.

"그래! 첫 추수를 모두 하나님께 드렸어! 난 조금 불안했어. 다시 농사가 이만큼 안 되면 어쩌지?"

"다시 농사는 지어봤는데, 그래도 좀 모자라서 제가 어머니 뱃속에 있을 때도 어머니는 커진 배를 안고 또 산으로 숲으로 열매를 따러 다니셨죠. 그것도 아주 많이 들었습니다. 아벨이 어머니 뱃속에 있을 때는 저는 아직 어리니까 밭뙈기 옆에 앉혀놓고 또 커진 배를 안고 아버지랑 열심히 밭일을 하셨죠. 그건 많이 들은 정도가 아니라 아주 또렷이 기억이 납니다."

가인은 또 내뱉었다.

"그래도 아버지는 즐겨 드렸어. 하나님께서 너무 즐겨 받으셨어."

"그렇게 즐겨 받으시면 뭐합니까? 결국 저랑 아벨이랑 어렸을 때부터 밭에서 굴렀잖아요. 아벨이 양 치러 나간 다음부터는 더 일할 사람이 없고. 그때부터 지금까지 해가 얼마나 뜨고 졌는지 아세요?"

"하나님께서 얼마나 좋아하셨는지 넌 그걸 봤어야 해. 우린 그렇게 하나님을 만났어. 너 아버지 첫제사 때 무슨 일이 일어난 줄 아니? 그게…."

가인은 말을 잘랐다.

"알았어요, 어머니 알았어요. 알겠다고요. 그러니까, 하나님 만나는 것도 좋고, 뱀 잡는 것도 다 좋은데, 당장 희망을 가질 걸 좀 만들어 놓자는 얘기예요."

"당장의 희망이 아니라…. 유일한 희망일 수도 있지."

여태까지 말없이 먹던 아담이 먹다 말고 말했다. 세 식구는 모두 아담을 보았다.

"엄마 말도 맞고 가인 말도 맞다. 에덴은 오지 않을 거고 굶을 수도 없구나. 아벨은 내일 형 조금만 도와주고 양들이랑 나가거라. 내가 가인 도와주면 충분할 거야. 당신도 아침에 햇밀만 조금 빻아줘요. 내일모레 제사니까 모두들 무리하지 말고…."

아담은 다 먹었는지 그릇들을 한 구석에 놓고 지척거리며 걸어 나갔다. 집 바깥 물 항아리에는 말린 바가지가 물 위에 동동 떠 있었다. 아담은 바가지를 둔 채 항아리에 입을 대고 벌컥벌컥 물을 마셨다. 물이 아담의 입에서 넘쳐 턱과 가슴으로 줄줄 흘렀다. 한참을 마신 후에 아담은 눈을 들어 멀리 밀밭을 바라보았다. 밀밭은 깜깜한 밤 풍경 가운데 완연히 차오른 보름달빛을 받고서 창백하게 서 있었다. 아담은 말했다.

"에덴은… 오지 않겠지."

가인은 아담을 보더니 문 밖으로 나갔다. 하와는 한숨을 쉬었다. 아벨은 모닥불에 나뭇가지 몇 개를 더 집어넣고 앉았다. 으슬으슬한 보름달빛이 집 위에 아침 서리처럼 앉고 있었다.

왼발

 아벨은 맹수가 우는 소리에 기억에서 깨어났다. 이리저리 둘러보았으나 맹수의 모습은 보이지 않았다. 멀리서 우는지 그 울부짖음은 뒷산에 반사되어 들판에 울렸다. 양들은 그 소리를 듣고 부르르 떨며 여기저기로 흩어지기 시작했다. 아벨은 즉시 지팡이를 잡고 가장 멀리 흩어지는 양들을 향해 뛰어갔다. 맹수 소리가 계속 들렸다. 아벨은 자기의 왼발을 내려다보았다.
 "혹시 그놈인가?"
 왼발을 땅에 디딜 때마다 맹수의 울부짖음이 발을 찌르고 파고드는 것 같았다.
 아벨은 계속해서 뛰어다니며 양들을 모았다. 양들은 들판 한가운데로 모여서 각자 머리들을 가운데에 맞대고 울었다. 아벨은 지팡이 끝을 모로 세우고 주위를 둘러보았다. 들판의 지평선에 맹수의 모습은 보이지 않았다. 뒷산 너머에서 맹수가 오는 기척도 없었다. 아벨은 부르르 떨며 숨을 몰아쉬었다. 점점 숨이 가빠왔다. 맹수가 가까이 오는지 멀어져 가는지 아직 알 수 없었다.

울부짖는 소리는 점점 멀어져 갔다. 거의 들리지 않자 아벨은 양떼 한가운데로 뛰어들어 양들을 만져주며 달랬다. 양들의 심장은 아직도 빠르게 뛰고 있었고, 아벨의 이마에 선 핏줄도 쉽게 가라앉지 않았다. 시간이 지나자 양들은 안정을 되찾아 다시 잔잔히 흩어져 풀을 뜯었다. 아벨은 아까 점심을 먹던 바위에 주저앉았다. 멍하니 양 떼를 보던 아벨은 양손으로 얼굴을 부여잡고 한숨을 쉬었다. 심장박동이 잦아들어가자 다시 고개를 들어 구름 한 점 없는 하늘을 보며 아벨은 말했다.

"하나님, 우리 아버지가 치던 양들은 맹수 걱정 안 했다면서요. 짐승들이 다 같이 뛰어놀았다면서요. 다시 그런 때가 올까요?"

아벨은 자기의 왼발을 내려다보았다. 왼발이 파르르 떨고 있었다. 아벨과 같이 왼발도 그날을 기억하는 듯했다.

그날 아벨은 양 떼를 데리고 좀 멀리 나갔다. 양들의 수도 꽤 늘어서 근방의 들판만으로는 양들을 꾸준히 먹일 수 없었다. 아벨이 집을 떠나 언덕 두세 개를 넘자 풀이 빽빽이 난 분지를 발견했다. 좀 깊은 곳이라고 생각했지만 풀의 양이 제법 많아서 아벨은 분지 안으로 양 떼를 몰아넣었다. 한동안 양들은 풀을 양껏 뜯었다. 분지 바깥으로 나가려면 제법 긴 오르막을 올라야 하는데 그렇게 용쓰면서 흩어지려는 양은 없었다. 아벨은 누워서 쉬었다.

이제 양들도 배불리 먹고 뒹굴며 놀았고 아벨도 기도하고 있었다. 문득 아벨은 코끝을 찌르는 냄새를 맡았다. 풀을 먹는 동물의 냄새가 아니었다. 피를 마시고 살을 뜯는 짐승의 노린내였다. 아벨은 목 뒤 털이 쭈뼛 섰다. 지팡이를 잡고 아벨은 일어서서 분지 위를 살펴보았다. 아무리 보아도 아무것도 없었다. 그러나 망상으로 생각하기에 노린내는 너무 강했다. 아벨은 노린내가 내려오는 곳으로 뛰어 올라갔다. 언덕 끝에 도달해서 분지를 거의 나온 순간, 아벨은 맹수 한 마리와 눈이 마주쳤다. 몸이 굳어 아벨은 움직일 수 없었다. 맹수도 자신보다 키가 큰 아벨을 마주하여 함부로 덤비지 않았다. 대신 맹수는 뒤로 돌아 짖었다. 아벨은 양 떼를 향해 날아들며 내려갔다.

"워! 워! 올라가! 올라가! 올라가!"

아벨은 지팡이로 양들을 후려치며 말했다. 양들은 아직 무슨 일인지 모른 채 꾸역꾸역 움직이기 시작했다. 언덕 정상에서 많은 맹수들이 내달리는 소리가 언덕을 타고 내려왔다. 이제 맹수들은 울부짖으며 달려오고 있었다. 양들은 그 울부짖음을 듣고 겁에 질려 멈추거나 엉뚱한 방향으로 도망갔다. 아벨은 사정없이 양들을 치대며 모았다.

"어서 가라고! 빨리! 빨리!"

양들은 그제야 속도를 내기 시작했지만 언덕배기를 올라가느라 양 떼 전체가 쉽사리 움직이지 못했다. 그즈음 맹수들이 언덕 위로 고개를 드러냈다. 대여섯 마리가 이빨을 드러내고 아벨과 양 떼를 위에서 내려다보았다. 아벨과 눈이 마주친 맹수는 맹수 떼 뒤로 들어가고 다른 맹수가 앞으로 나왔다. 아벨은 즉시 그게 우두머리인 줄 알아차렸다. 우두머리는 다른 맹수들보다 머리 하나가 더 크고 어깨 하나가 더 넓었다. 우두머리의 눈이 아벨의 눈과 마주쳤다. 아벨은 피하고 싶었지만 그 눈빛에 꽉 잡혀 그러지 못했다. 방금 언덕 위에 마주쳤던 놈과 눈빛이 달랐다. 우두머리는 자신은 내려다보고 아벨은 올려다보고 있다는 사실을 알고 있었다. 자신은 맹수이고 양은 먹이라는 사실도 알고 있었다. 아벨만 쓰러지면 양 떼를 모조리 차지할 수 있다는 확신이 있었다. 우두머리의 눈빛은 아벨을 찔렀다. 그러나 아벨의 눈빛이 우두머리를 찌르는지는 아벨도 자신이 없었다. 아벨은 도망가는 양 떼를 등 뒤에 두고 지팡이 끝을 우두머리를 향해 세우며 이를 꽉 물었다. 양 떼의 선두는 제법 언덕을 올라가고 있었다. 양 떼의 중간도 제법 속도를 냈다. 그러나 양 떼의 뒤가 아직 아벨에게서 멀지 않은 언덕배기 밑에서 허우적댔다.

우두머리가 온몸을 떨며 포효했다. 양 떼는 비명을 지르듯 울었다.

우두머리가 언덕에서 뛰어내려 독수리가 하늘에서 내리꽂듯 돌진했다. 다른 맹수들도 몰아치는 파도처럼 그의 뒤를 따라 내달리기 시작했다. 아벨은 뒤를 돌아보았다. 양 떼는 이제 제법 분지를 벗어나고 있었다. 그러나 어미 양 한 마리와 새끼 한 마리가 맨 뒤에 처졌다. 이 양 새끼는 올해 태어난 지 몇 달 되지 않은 녀석이었다. 어미는 조금이라도 빨리 가려고 애를 썼지만 양 새끼는 너무 어려서 그런지 속도를 내지 못하고 있었다. 아벨은 어미와 새끼 뒤를 막아섰다. 맹수들은 언덕을 내려오면서 가속도가 붙었다. 아벨은 이제 달리는 맹수들의 진동을 온몸으로 느꼈다. 어미와 양 새끼가 언덕배기를 기어 올라갔고 맹수들은 그들을 향해 달려 들어갔다.

우두머리가 아벨을 향해 뛰어올랐다. 아벨은 옆으로 한 발자국 피한 다음 지팡이로 우두머리의 머리를 내리쳤다. 지팡이는 맥없이 튕겨 나왔다. 우두머리는 한 번 머리를 뒤흔들더니 다시 아벨을 노렸다. 아벨은 새끼의 우는 소리를 들었다. 설마 등 뒤에 다른 맹수들이 또 있는가. 아벨은 뒤를 돌아보았다. 아무도 없자 아벨은 다시 앞을 보았다. 아벨이 눈을 파는 순식간에 우두머리는 아벨 가까이 들어왔다. 아벨은 뒤로 물러서면서 거리를 벌리려 했지만 이미 늦었다. 우두머리는 훅 뛰어들어 아벨의 왼발을 물었다. 턱 힘으로 왼발을 조이자 이빨이 근육을 뚫고 뼈를 으스러트렸다. 아벨은 소리 지를 새도 없이 지팡이로 우두머리의 눈알을 깊이 찍었다. 우두머리는 비명을 지르고 눈에서 피를 흘리며 물러섰다. 아벨도 신음하며 왼발을 보았다. 방금 전까지 발이었는데 이제 피와 살이 흙과 침과 함께 범벅이 되었다. 아벨은 일어서려고 했다. 왼발의 모든 곳이 찢어지고 뭉개지는 듯 아팠다. 아벨은 다시 새끼의 우는 소리를 들었다. 바로 옆에서 새끼가 공포에 질려 울었다. 아벨은 지팡이로 새끼를 끌어 자신의 등 뒤에 두었다.

아벨이 우두머리와 싸우는 사이 다른 맹수들은 이미 어미를 덮쳤다. 맹수들의 입 속에서 어미는 휘청거렸다. 우두머리는 아벨을 보며 물러서더니 어미에게 달려갔다. 아벨은 새끼를 지키며 간신히 버티고 서 있었다. 우두머리는 어미의 목을 물었다. 어미는 격렬하게 버둥거렸다. 우두머리는 단숨에 어미를 땅에 패대기쳤다. 그래도 어미는 울부짖으며 다리를 휘저었다. 우두머리는 계속 어미의 목을 물고 어미를 땅에 내던졌다. 마침내 어미는 목이 부러졌는지 조금씩 덜 움직였다. 우두머리가 어미를 놔주자 어미는 더 이상 움직이지 않았다. 부하 맹수들이 어미를 물고 저쪽 언덕 너머로 질질 끌고 갔다. 어미가 풀 위로 흘린 핏자국도 맹수들을 따라갔다. 우두머리는 언덕 정상에 서서 피를 흘리지 않는 한쪽 눈으로 아벨을 보았다. 아벨은 그 눈을 피해 새끼를 안고 양 떼 있는 곳으로 도망갔다.

그날 아벨은 엎어지고 자빠지며 기다시피 하여 양 떼를 몰았다. 해는 한참 전에 지고 밤이 되었다. 다른 맹수들이 다시 급습할까 봐 아벨은 떨었다. 지팡이로 연신 양 떼를 후려치며 갔다. 양 떼를 모는 것인지 매질을 하는 것인지 알 수 없었다. 오는 길 반 즈음 식구들이 아벨을 찾으려고 나와 있었다. 가인은 울면서 양 떼를 몰았다.

아담은 한숨을 쉬며 아벨을 들쳐 업었다. 하와는 계속 눈물을 훔쳤다. 아벨이 흘린 피와 식구들이 흘린 눈물 자국이 집까지 이어졌다.

아벨은 그날을 결코 잊을 수 없었다. 왼발이 물렸을 때 이젠 끝이라는 절망감은 매일 생각해도 매 순간 낯설었다. 익숙해질 수 없는 경험을 매일 생각하고 매 순간 느끼며, 그것이 다시 올 수도 있다고 생각하니 아벨은 모래흙을 삼키는 기분이었다.

"하나님… 제가 뭘 잘못해서 이렇게 됐는지 잘 모르겠어요. 잘못이 없다면 왜 이렇게 살아야 하는지도 모르겠습니다. 그렇지만 그런 때가 오면 발이 이 지경이 되는 일도 없겠지요."

아벨은 고개를 들어 쉬는 양 떼를 보며 한숨을 쉬었다.

"그때가 되면, 저도 저 양들처럼 쉴 수 있겠지요."

양 한 마리

해가 머리 위에서 지평선을 향해 서서히 떨어지기 시작한 지 오래되었다. 어둠이 찾아오면 낮에 다니는 들짐승들과 전혀 다른 밤짐승들이 돌아다닌다. 이 종류의 짐승들은 어둠 자체를 무기 삼기 때문에 해 아래 다니는 생명은 이길 수 없다. 아벨은 일어섰다. 더군다나 내일은 제사를 지내는 날이다. 내일 아침은 바쁠 것이다. 오늘 저녁에는 아벨과 양들도 일찍 들어가야 했다.

"자 이제 집에 가자!"

양들은 아벨의 말을 듣고 꾸역꾸역 양치기 곁으로 모여들었다. 꾸물거리거나 아예 일어서지도 않는 양들이 있었다. 아벨은 그런 양들의 엉덩이를 지팡이 끝으로 툭툭 치며 몰았다. 서로를 뿔로 들이받으며 싸우는 숫양들도 있었다. 아벨은 그 놈들을 지팡이로 떼어놓아야 했다. 그렇게 아벨은 양 떼를 모으며 한 마리씩 세기 시작했다. 다 세어갈 즈음 아벨은 한 마리가 모자라는 것처럼 느꼈다. 아벨은 양 떼의 반대편으로 가서 다시 세었다. 여전히 한 마리가 모자랐다. 참 이상한 일이었다. 숫양과 어미 양들의 숫자는 맞았는데, 양 새끼가 한 마리 모자랐다. 보통 새끼들은 어미들이 챙기기 때문에 양 새끼 숫자가 맞지 않는 일은 드물었다. 아벨은 고개를 갸웃거리며 이젠 어미와 새끼를 같이 세었다. 양치기는 각각의 어미가 낳은 새끼들을 모두 알고 있다. 아벨은 어미 양들을 일일이 확인하며 새끼들을 세어보았다. 모든 어미들이 자기 새끼들을 정확히 갖고 있었다. 아벨은 다시 고개를 갸웃거리는데, 늘 집에 갈 때 즈음이면 발에 차이던 것이 생각났다. 어미의 수가 맞고, 양 새끼는 한 마리가 모자랐다. 이 양 떼에서 어미가 없는 양 새끼는 단 한 마리였다.

"어…? 아니, 이 녀석이!"

아벨은 양 떼 안으로 뛰어 들어가 모든 새끼들을 헤집고 찾기 시작했다. 아벨 옆에서 점심을 얻어먹던 양 새끼가 보이지 않았다.

"얘가 엄마가 없어서 오늘은 자기 혼자 돌아다녔나. 여태 이런 적이 없었는데. 원래 친구들하고 같이 잘 다녔는데. 오늘은 내가 옆에서 끼고 있어야 했나. 괜히 이 생각 저 생각하다가…."

아벨은 양 떼 주변을 둘러보며 살폈다. 보통 양치기는 양들을 모을 때 외진 구석에 있는 녀석들을 빼먹을까 봐 멀리까지 보는 습관을 갖고 있다. 이미 해가 땅을 향해 속도를 내며 떨어지고 있었다. 멀리 있는 곳은 잘 보이지도 않았다. 아벨은 양 떼를 한 번 보고, 다시 멀리 있는 곳들을 보았다. 들판의 끝에도, 숲의 끝자락에도, 밭의 경계선에도, 언덕의 능선에도 양 새끼는 보이지 않았다. 아벨은 낮에 양들이 지내던 들판으로 달려 나갔다. 네발짐승이라도 새끼니까 아주 멀리 가지는 못했을 것이다. 양 떼가 거의 보이지 않을 만큼 나가서 아벨은 주위를 둘러보았다. 돌들과 풀들만이 끝없이 펼쳐질 뿐이었다. 아벨은 양 새끼를 불렀다. 양들은 보통 양치기의 목소리를 알아듣는다. 그러나 양 새끼가 알아듣고 우는 소리는 그 어디에서도 들리지 않았다. 아벨은 계속해서 소리쳤다. 아벨의 목소리가 들판의 바람을 타고 퍼져나갔다. 그래도 어떤 답하는 소리도 없었다. 양 새끼는 들판에 없는 것 같았다.

 아벨은 다시 양 떼로 달려 돌아왔다. 모였는데 얼른 집에 가지 않자 양들은 다시 조금씩 흩어지고 있었다. 아벨이 지팡이로 양들을 다시 모았다. 양들의 그림자가 이제 길어지기 시작했다. 어둠이 양 떼 가까이 오고 있었다. 이미 양 떼가 출발하기로 한 시간이 지났다. 지금 출발해도 양 떼가 가는 길은 중간에 어두워진다. 낮에도 제멋대로 가는 녀석들을 밤에 제 방향으로 모는 일은 몇 배 더 어려웠다. 일전에 아벨은 너무 멀리 나가 해가 떨어지고 어둠이 급히 덮쳐오는 가운데 양 떼를 몰아보았다. 마음이 급해 빨리 몰면 양들은 자기들끼리 부딪치고 자빠졌다. 여유 있게 가면 밤길만 더 길어졌다. 아벨도 어둠 가운데 걷다 보면 넘어지고 깨질 수 있었다. 이제 가야 했다. 아벨은 다시 한번 고개를 돌렸다. 가장 멀리 볼 수 있는 곳을 보았다. 양 새끼는 없었다.

　갑자기 거대한 그림자가 아벨과 양 떼를 덮쳤다. 아벨이 눈을 들어보니 산봉우리의 그림자였다. 들판에 양 새끼가 없다면 그 녀석이 갈 곳은 단 한 곳뿐이었다. 양 새끼가 제 발로 집까지 찾아갔을 리는 없다. 여기까지 오는 길도 촐랑촐랑 아벨을 따라왔다. 똑같이 촐랑대며 혼자 갔을 곳, 그러나 여기에서 보이지 않는 곳, 바로 산 뒤쪽이었다.

　아벨은 산 뒤로 넘어가 본 적이 없었다. 이제까지 넘을 일이 없었다. 여태 새로 발견한 들판들은 집 근처에서 뻗어나갔고 굳이 산 하나를 넘지 않아도 되었다. 해가 뜨는 쪽에서 오늘 먹었다면 내일은 해가 지는 쪽에서 먹이면 되었다. 집에서 조금 멀어도 평평한 들판에서는 빛과 소리가 세밉 벗어나간다. 징 급하면 딜러와서 이미지의 형을 부르면 된다. 구태여 보이지 않는 산 뒤쪽을 가볼 일이 없었다. 낮에 가본 적이 없는 곳을 밤에 갈 일은 더욱 없었다.

　그러나 아벨은 산봉우리를 보았다.

　산 뒤에 양 새끼가 있을 것 같았다.

　다시 어정거리며 어딘가 가려는 양들을 아벨은 지팡이로 또 모았다. 여기저기 어른 머리통만 한 크기의 돌들을 아벨은 양 떼를 둥그렇게 둘러싸며 놓았다. 맹수들을 막기는커녕, 양들도 단번에 뛰어넘을 수 있는 높이였지만, 이 정도라도 해놓아야 아벨은 조금이라도 마음이 편했다. 아벨은 말했다.

"너희들, 이 돌들 밖으로 나가지 마라! 알았지? 금방 돌아올게."

알아들었는지 못 알아들었는지 양들은 어두워져 가는 들판에 앉기 시작했다. 아벨은 하늘을 보았다. 아직 파랗게 밝은 하늘에 조금씩 별들이 보였다. 보름달도 서서히 나타났다. 아벨은 별들과 보름달 너머를 보며 말했다.

"하나님! 양들 좀 지켜주세요. 애들 어디 못 가게 해주세요. 밤짐승들도 막아주세요. 이 양들 모두 당신께서 지으신 것들이잖아요. 전 그 녀석을 찾아야 해요. 엄마가 없는 애예요."

아벨은 고개를 돌려 다시 산 뒤쪽 너머를 보았다.

"저밖에 그 녀석을 찾을 사람이 없어요. 그 녀석도 하나님께서 지으셨잖아요."

아벨은 지팡이를 잡고 산을 걸어 올라가기 시작했다.

"내일 제사 시작하기 전까지만 찾아주세요."

골짜기

아벨은 능선을 향해 올라갔다. 산바람과 밤바람이 부는 산기슭이었지만 아벨은 계속 땀을 후두둑후두둑 흘렸다. 그래도 큰 산이 아니었기 때문에 아벨은 곧 능선을 밟았다. 마침내 능선 위에서 아벨은 한숨 돌렸다. 숨을 몰아쉬며 다시 산 뒤쪽으로 내려가려는데, 무언가 처음 맡는 냄새가 아벨의 코를 찔렀다. 아벨이 눈을 들자, 그제야 산 뒤쪽 전체가 아벨의 눈에 들어오기 시작했다.

양들을 먹일 수 있을 만큼 푸르름이 많았던 산 앞쪽과 달리, 산 뒤쪽은 나무 한 그루, 풀 한 포기 나지 않는 땅이었다. 불그스름하고 누르죽죽하며 시커먼 바위들이 내려가는 언덕 곳곳에 깔려있었다. 더 내려가 봐도 아무것도 자랄 것 같지 않았다. 바위들을 따라 내려가면 양옆으로 서 있는 바위 절벽들이 좁아지면서 골짜기를 만들었다. 아벨이 맡았던 냄새는 그 골짜기에서 올라오는 듯했다. 그 냄새는 습기가 많고 내장을 찌르는 무언가가 있었다. 아벨은 숨을 쉬면서 조금씩 그 냄새를 들이마셨지만 차마 삼킬 수 없었다. 내뱉어도 코와 입안에 남는 무언가는 가시지 않았다. 아벨은 뱃속이 조금씩 메스꺼워졌다.

골짜기 끝은 캄캄해서 보이지 않았다. 분명히 보름달빛이 산 뒤쪽 전체를 비추었지만 골짜기 안쪽까지 뚫지 못했다. 골짜기 안은 대낮의 햇빛이 와도 어두울 것 같았다. 어두워 보이지 않는다고 아무것도 없는 것은 아니었다. 아벨은 몸을 움찔거렸다. 골짜기 끝이 아벨을 보고 있었다. 골짜기 끝이 아벨에게 말했다. 냄새와 바위와 어둠으로 말했다.

아벨의 왼발이 다시 쑤셨다. 순간 아벨은 그 맹수가 다시 자신 앞에 서 있는 것 같았다. 아벨은 두어 발자국 뒤로 물러서며 지팡이를 잡았다. 분명히 눈앞에 맹수는 없었다. 아벨은 그 맹수를 골짜기 끝에서 느꼈다. 골짜기 끝이 맹수의 입이고 턱이며 혀이자 이빨이다. 골짜기 끝으로 들어가면 부서지고 짓이겨지고 씹힌다. 골짜기 끝으로 가면 먹힌다. 골짜기 끝으로 들어가면 맹수 뱃속이다. 영영 끝장이다.

아벨은 산 앞쪽을 오를 때보다 더 많이 진땀을 흘렸다. 아벨은 산 앞쪽을 뒤돌아보았다. 달빛 아래 서 있는 양 떼가 멀리 보였다. 양 떼가 언제 어떻게 될지 모른다. 이제 와서 되돌아가려면 한순간이라도 더 빨리 돌아가야 했다. 아벨은 다시 시커먼 골짜기 끝을 보았다.

그래도 골짜기 끝에 양 새끼가 있을 것 같았다. 아벨은 저녁 하늘을 보며 말했다.

"하나님, 우리 모두 좀 지켜주세요."

아벨은 산 뒤쪽을 내려가기 시작했다. 분명히 곳곳에 바위들만 있는 곳인데 아벨의 맨발은 진흙 속으로 푹푹 꺼졌다. 아벨은 발에 묻은 진흙을 탈탈 털고 바위 위로 올라갔다. 돌에서 돌로 뛰어 건너가려 했다. 아벨은 한두 개 정도 뛰어서 건넜지만 점점 골짜기는 어두워졌다. 앞에 있는 바위가 얼마나 큰지 작은지도 잘 보이지 않았다. 바위 위가 거친지 미끄러운지도 가늠이 잘 되지 않았다. 여기에서 발을 헛디뎌 넘어지기라도 한다면 어떤 상처를 입을지 알 수 없 있다. 아벨은 힌숨을 쉬고 다시 바위 밑 길로 내려갔다. 진흙이 푹 푹 꺼져도 아벨은 앞으로 나갔다. 점점 아벨의 맨발을 덮는 진흙이 많아졌다. 아벨은 계속 발을 털어가며 전진했다. 들판처럼 총총 앞으로 갈 수 있으리라 생각했던 아벨은 조금씩 지쳐갔다.

골짜기 아래로 내려갈수록 아벨은 점점 이 세상이 아닌 다른 곳으로 들어가는 기분이 들었다. 골짜기에는 아무 소리가 없었다. 보통 산이나 들판에서는 야생 짐승들이 저벅저벅 다니는 소리, 새들이 푸드덕대거나 우는 소리 등이 들린다. 큰 짐승이 없더라도 벌레들이 뛰거나 우는 소리는 흔하다. 짐승들이 없다 해도 바람에 가지가 흔들리는 소리, 나뭇잎이 떨어지는 소리를 들을 수 있다. 나무가

골짜기

61

없는 광야라도 바람이 바위에 부딪치며 귓가를 지나가는 소리는 없을 수 없다. 그러나 아벨은 이 골짜기에서 어떠한 소리도 들을 수 없었다. 골짜기를 덮고 있는 어둠이 모든 소리를 먹고 있는 듯했다. 아벨이 아무리 땅을 힘차게 밟아도 저벅거리는 소리가 들리지 않았다. 누가 아무리 가까이 있어도 목소리로 도움을 청할 수 없을 것 같았다. 날씨가 맑아서 달빛이 이 땅을 비추면 보통 밤 짐승들이 달빛을 따라 노래하고 바람은 춤을 추기 마련이었다. 그런데 지금은 달빛이 골짜기를 비추는데도 누구도, 아무도, 아무것도 움직이는 것이 없었다.

　소리가 없는 와중에 골짜기 밑 진흙길이 거의 진창길로 변하고 있었다. 꺼지는 진흙 속에서 물들이 조금씩 올라왔다. 발에 묻는 진흙은 이제 쉽게 털어낼 수 있지만 대신 아벨은 종아리까지 다리가 꺼져 들어갔다. 아벨은 이제 지팡이 끝을 진창 깊숙이 찍으면서 혹시 더 깊이 들어가는 곳은 없는지 살피고 전진해야 했다. 냄새는 앞으로 갈수록 더욱 진했다. 아벨은 코끝을 찌르고 속 뒤집는 내음을 참기 힘들었다. 아벨은 사람의 죽음을 본 적이 없었다. 짐승의 죽음은 본 적이 많았으나 사람의 죽음은 상상해 본 적이 없었다. 그런데 이 냄새를 들이마시면 죽는다는 생각이 들었다. 도대체 이 냄새의 근원을 알 수가 없었다. 골짜기 끝으로 갈수록 더욱 심해질 뿐이었다.

　해가 지평선 밑으로 완전히 가라앉자 산 뒤쪽을 얕게 덮고 있던 온기가 금세 사라졌다. 골짜기 끝에서 냄새뿐만 아니라 찬 기운이 들이닥쳐 올라왔다. 아벨은 온기를 조금이라도 더 가져보려고 몸을 수그리고 앞으로 나갔다. 진창도 금세 차가워졌다. 온기가 전혀 없는 진흙물이 아벨의 맨발을 덮고 종아리와 무릎 언저리까지 올라왔다. 찬 기운이 다리를 타고 올라와 아벨의 몸통을 치고 내장을 조였다. 아벨은 현기증마저 느꼈다. 눈을 뜰 수가 없어 이리저리 지척거리며 앞으로 나갔다. 분명히 지팡이로 쑤셨을 때 얕고 단단한 곳이었는데, 아벨이 발을 옮기자 가슴팍까지 빠져들었다. 아벨은 지팡이를 잡고 허우적댔다. 지팡이를 휘두르다가 단단한 곳에 박히자 아벨은 지팡이에 힘을 주어 간신히 올라왔다. 온몸과 가죽옷이 진흙물에 흠뻑 젖었다. 다시 찬바람이 아벨을 덮쳤다. 아벨은 급히 주저앉아 가죽옷을 벗어 두 손으로 짰다. 퀴퀴한 물과 진흙이 땅에 투두둑 떨어졌다.

 아벨은 떨었다. 황급히 가죽옷을 입는데, 무언가 크지만 가벼운 것이 발에 차여 나뒹굴었다. 여태 골짜기를 내려오는 동안 발에 닿은 것은 바위나 진흙뿐이었다. 어둠 속에서 잘 보이지 않자 아벨은 지팡이로 그것을 툭툭 치며 달빛으로 꺼냈다. 살아있는 동물 같진 않았다. 아벨은 그것을 집어 들었다. 여태 골짜기에서 나던 그 냄새가 갑자기 콧속을 찔러 들어왔다. 달빛에 비추자 아벨은 금세 그것이 무엇인지 알 수 있었다. 썩고 있는 짐승 뼈였다. 말라붙은 핏자국과 썩고 있는 살이 뼈 군데군데 붙어 있었다. 아벨은 뼈를 내던지고 한 발자국 물러섰다. 이제 달빛이 눈에 익는지 아벨은 골짜기 주위를 둘러보았다.

골짜기는 먹고 남은 짐승 뼈들로 가득했다. 짐승 뼈들은 여기저기 해체되어 나뒹굴었다. 맹수들이 사냥 후에 이 골짜기로 먹이를 가져와 먹는 것이 분명했다. 작은 뼈는 살과 함께 같이 씹어 먹으므로 해골이나 등뼈 같은 큰 것들만 남아 썩고 있었다. 물 썩는 내와 함께 골짜기 전체에 진동했던, 코를 찌르는 냄새가 바로 여기서 나왔다. 먹어치운 지 오래되어 말라붙은 핏자국만 남은 뼈들이 보였다. 먹은 지 얼마 안 되어서 맹수들의 침인지 모를 체액으로 번들거리는 뼈들도 있었다. 아벨은 머리뼈의 모양으로 잡아먹힌 짐승의 종류를 알 수 있었다. 이 머리뼈의 주인은 양옆으로 갈라진 큰 뿔로 보아 야생 들소였다. 다른 머리뼈의 주인은 작은 어금니와 땅땅한 두상으로 보아 멧돼지가 분명했다. 길고 뾰족한 뿔이 머리뼈에 꽂힌 것으로 보아 들사슴도 먹힌 듯했다. 그리고 한쪽 구석에 비교적 작고 뿔이 없는 머리뼈는 양의 머리인 듯싶었다. 아벨은 양의 해골을 손으로 들었다. 설마 이 양이…. 그럴 리는 없었다. 아벨이 왼발을 물린 곳은 이 산이 아니었다. 그러나 양들을 사냥하고 뜯어먹을 수 있는 맹수들이 이곳에 있었다. 한 번 먹고 마는 곳이 아니었다. 널리고 널린 뼈들로 보아 이곳에서 맹수들은 자주 모였다. 피를 마시고 살을 뜯으며 뼈를 씹는 곳이었다.

'그냥 집으로 갔어야 했는데…. 형 말이 맞았어. 오늘 추수나 할

걸…. 오늘 추수나 할 걸! 오늘 밭이나 갈 걸! 내일이 제산데….'
 아벨은 양의 해골을 집어던졌다. 뒤로 돌아 휘청거리며 산 앞쪽을 향해 뛰기 시작했다. 여태 지팡이를 짚으며 조심스럽게 내려왔건만 아벨은 마구 발을 내딛으며 올라갔다. 오른발이 또 진창에 처박혀 무릎까지 빠졌다. 아벨은 올 때처럼 지팡이로 단단한 부분을 찍으며 올라가려 했다. 그러나 지팡이는 맥없이 진창 속으로 쑥 들어갔다. 아벨도 같이 빠져 들어갔다. 진창물은 아벨의 가슴팍을 치고 금세 목까지 올라왔다. 아벨은 허우적대며 팔과 다리, 온몸으로 단단한 땅을 찾았다. 그러나 손에 짚이는 것, 발에 차이는 것, 지팡이로 찍는 것은 모두 진흙이었다. 아벨은 아예 진흙 속에서 수영을 하려 했지만 더 빠지기만 하고 앞으로 나가지 못했다. 더 깊이 들어가사 이제 진흙이 아벨의 몸을 사방에서 눌렀다. 아까 짚있던 바위가 아벨의 눈앞에 있었지만 아벨은 팔을 진흙에서 꺼내지 못했다. 아벨의 턱 밑까지 진창이 올라왔다.
 "나 좀 사 살… 살려…!"
 골짜기의 어둠이 진창 속의 아벨을 굽어보았다. 살려달라는 말은 어두움에 먹혀 힘없이 땅에 툭 떨어졌다. 아벨은 더욱 크게 허우적댔다. 진창물을 이리저리 튀기며 올라가려고 했지만 소용이 없었다. 아벨은 더 가라앉지 않는 것을 보고 안심했지만 쉽게 나올 수도 없어서 두려웠다. 아벨은 몇 번 더 팔다리를 휘둘러보았다. 땅위로 튀기는 진창물은 더 많았지만 아벨은 앞으로 나가지도, 수면

위로 더 떠오르지도 못했다. 기력이 다했는지 아벨은 구역질을 했다. 눈까지도 힘이 없는지 아벨은 주위 광경이 흐리게 보이기 시작했다. '왜 나는 여기에 빠졌을까? 무엇을 잘못 판단해서 지금 여기 있는 것일까?'

진흙이 가슴을 누르는지 아벨은 점점 숨을 쉬기 어려웠다. 아벨은 몇 번 더 꿈틀대다가 더 이상 움직이지 않았다. 얼굴만 수면 위로 둥둥 떴다. 아벨은 뒤로 누웠다. 차가운 진창이 아벨의 온몸을 조여 왔다. 아벨은 신음을 내고 정신을 잃었다.

메뚜기 왕

 차고 단단한 땅의 기운에 아벨은 눈을 떴다. 기력이 다 돌아오지 못했는지 아벨은 등짝이 흔들리도록 숨을 몰아쉬었다. 입안에서 흙내과 뱃속의 짠내가 느껴지자 아벨은 일어나 구역질을 하고 침을 뱉었다. 한참 숨을 몰아쉬고 나서야 아벨은 고개를 들어 주위를 보았다. 여전히 골짜기 속이었다. 시간이 얼마나 흘렀는지 전혀 알 수 없었다. 분명히 진창에 빠진 것까지 기억이 나는데, 아벨은 그 속에서 어떻게 나왔는지 도대체 알 수 없었다. 자기 자신 외에는 모든 것이 애매하게 느껴졌다. 지금이 언제이고 어디인지, 어떻게 지금 여기까지 왔는지 아벨은 정확하게 풀어낼 수 없었다. 눈에 보이는 광경은 골짜기 속인데, 지금 자신이 골짜기 속에 있다는 확신이 없었다. 확신하려 해도 무언가 이상했다.
 "깨어났느냐?"

아벨은 놀라서 뒤를 돌아보았다. 분명히 이 골짜기 속에 살아있는 것은 아무것도 없었다. 말을 하는 이가 있을 가능성은 더욱 없었다. 아벨의 눈앞에도 아무도 없었다. 아벨은 움츠러들며 도망가려 했다. 크지 않지만 무시할 수 없는 목소리였다. 가느다랗지만 단단하며 뾰족하고 날카로운 목소리가 어느 한 점에서 길게 뻗어 나와 아벨을 찔렀다. 마음이 소리에 꿰뚫려 아벨은 도망가지 못하고 응답하지 않을 수 없었다. 아벨이 자세히 보니 소리는 어느 바위에서 나오고 있었다. 눈을 모아 더 자세히 보니 바위 위에 메뚜기 한 마리가 앉아 있었다.

"깨어났느냐? 사람."

아벨은 이 메뚜기를 더 자세히 보려고 일어나 다가갔다. 이 메뚜기는 가인의 밭에서 뛰어다니던 그것들과 달랐다. 밭의 메뚜기들은 몸통과 다리가 푸르거나 살짝 누랬다. 풀 속이나 밀밭과 잘 어울리던 녀석들이었다. 양을 칠 때는, 풀밭을 톡톡 뛰어다니는 메뚜기들을 가만히 보다가 한 손으로 잡고 다시 놔주며 시간을 보내곤 했다. 추수 때가 되면 밀 이삭들을 조금 먹어치우긴 했지만, 그럴 때마다 아벨은 가죽옷으로 툭툭 밀 이삭을 털어내기만 하면 되었다. 그 메뚜기들은 밭과 들판과 뒤섞여 하나가 되어 살았다.

바위 위에 앉아 있는 이 메뚜기는 검었다. 더듬이, 머리, 몸통, 배, 다리, 날개 할 것 없이 모두 검었다. 가장 어두운 밤보다도 검었다. 아벨이 치던 양들 중에는 검은 양도 있었다. 그 검은 양들은 털에 윤기가 흘렀다. 그런데 이 검은 메뚜기는 윤기 없이 검었다. 골짜기의 모든 빛을 빨아들이고 있는 것 같았다. 아벨은 아버지에게서 검은 메뚜기가 있다는 얘기를 들은 적이 없었다. 더군다나 아버지는 메뚜기를 무서워하지 않았다. 어린 아벨이 통통 뛰는 메뚜기를 무서워하면, 아버지는 메뚜기를 아벨의 조막손에 올려놓고 말하곤 했다. 메뚜기는 풀을 뜯어먹기 때문에 결코 너를 해치지 않는다. 너를 귀찮게는 할지라도, 결코 메뚜기 때문에 네가 다칠 일은 없단다. 그러나 아벨은 이 검은 메뚜기가 풀을 뜯어먹을 것이라는 생각이 들지 않았다. 오히려 아벨이 일전에 맹수들을 만났을 때의 그 느낌이 더 강했다. 비록 메뚜기지만 피 냄새와 노린내가 나는 것 같았다. 시간이 갈수록 아벨은 몸을 움직이지 못했다. 메뚜기는 더듬이를 움직이며 말했다.

"니의 이름은 무엇이냐?"

아벨은 간신히 입을 뗐다.

"아, 아벨입니다."

"아벨, 이곳에는 왜 왔느냐."

아벨은 메뚜기의 질문에 내장까지 다 토해내야 할 듯한 압박을 간신히 이기고 물어보았다.

"누, 누구신데요?"

아벨이 말을 마치자마자 검은 메뚜기는 더듬이를 아벨 쪽으로 확 내밀었다. 찔릴 거리가 아니었지만 더듬이에 찔릴까 봐 아벨은 조금 뒤로 물러섰다.

"나는 메뚜기의 왕이다. 이 골짜기는 내가 다스리는 곳이다. 아벨, 이곳에 왜 왔느냐?"

하나님께서 사람에게 동물을 다스릴 권한을 주셨다고 아버지는 분명히 말씀하셨다. 그리고 이 땅은 모두 하나님께서 지으셨고 다스리신다고 말씀하셨다. 그런데 이 메뚜기는 자신이 '이 골짜기의 왕'이라고 말했다. 아벨은 고개를 갸웃거렸지만 메뚜기의 두 번째 질문에 얼른 답을 해야 했다.

"양 새끼 한 마리를 찾고 있습니다. 이 근처에 있는 것 같아요."

"양 새끼 한 마리? 너는 양을 치는 사람이냐?"

"…네."

"너는 양을 한 마리만 치느냐?"

"아니오. 나머지 양들은…"

아벨은 몸을 돌려 손가락으로 산 앞쪽을 가리켰다.

"다 저 산 너머에 있습니다."

"저 산 너머에? 너 말고 다른 양치기가 지키고 있구나?"

"아니오. 어… 일단 놔두고 양 새끼를 찾으러 왔습니다."

"지금 이 깜깜한 밤에 양치기 없이 양 떼가 그대로 있다고?"

메뚜기는 갑자기 앞으로 뛰더니 아벨에게서 불과 한 발자국 떨어진 땅에 앉았다. 아벨은 한 발자국 더 뒤로 물러섰다.

"나는 메뚜기의 왕이다. 내 밑에 수만 마리, 수십만 마리의 메뚜기들이 있다. 내가 명령만 내리면 이 메뚜기들은 어디든 갈 수 있고, 무엇이든 할 수 있다. 그렇지만 메뚜기 한 마리가 어떻게 된다고 나는 그 명령을 돌리지 않아. 메뚜기 한 마리의 다리가 부러져도, 날개가 찢어져도, 배가 터져도, 머리가 갉아 먹혀도 나는 굴하지 않는다. 고작 메뚜기 한 마리 때문에 우리의 일을 그만둘 수는 없다. 그런데 양 떼를 저기 놓고 이 골짜기에 왔다고? 양 새끼 한 마리 때문에?"

아벨은 순간 움츠러들었다.

"그럼 제가 어떻게 했어야 했나요?"

검은 메뚜기는 또 뛰더니 아벨의 무릎에 앉았다. 아벨은 놀랐지만 눈을 돌리지 못했다. 메뚜기의 수많은 눈들이 아벨의 눈을 똑바로 쳐다보았다.

"아벨, 물론 너는 열심히 그 양 새끼 한 마리를 찾았어야 했다. 여기까지 온 것을 보니 착한 양치기 같군. 들판 여기저기 다니면서 열심히 찾았겠지. 열심히 찾다 보니 이 골짜기까지 오고 너도 모르는 새 밤이 왔겠지. 낮에도 맹수의 먹이가 되는 양들이 밤짐승들에게는 어떨까. 물론 마음이 아프지만 그 양 새끼는 포기하고 너는 얼른 양 떼를 집으로 몰고 갔어야 했다."

"아니에요. 저는 양치기예요. 전 제 양들을 알아요. 걔가 엄마도 없는데 길을 잃고 얼마나 무서울지…"

검은 메뚜기는 순간 뛰더니 아벨의 입술 위에 앉았다. 아벨은 얼어붙었다.

"아벨, 물론 오늘은 양 새끼 한 마리를 잃어버리지만, 대신 나머지 양들을 무사히 집으로 데리고 갔어야 했다. 비록 오늘 한 마리를 잃어버리지만, 내일 열심히 양을 치고 그다음 날도, 또 그다음 날도 쉬지 말고 열심히 양을 쳐서 다시 양의 숫자를 늘리면 된다. 아벨, 너는 선하지만 지혜로운 양치기가 아니군. 너는 네가 밟고 있는 세상이 어떤 곳인지 모르는구나."

메뚜기는 다시 바위 위로 뛰어 앉았다. 아벨은 입술이 풀리며 한숨을 쉬었다.

"우리 형처럼 말하네요."

"형? 너의 형은 누구냐?"

"우리 가인 형이요."

메뚜기는 검은 날개를 펴더니 푸드덕 날며 순식간에 아벨의 머리 위에 앉았다. 아벨은 신음을 냈으나 다시 움직일 수 없었다.

"오… 가인이 너의 형이라고?"

"가인 형을 아세요?"

메뚜기는 아벨의 머리 위에서 뛰더니 날개를 펴고 아벨의 눈앞에서 멈췄다.

"아벨, 이 땅 위에 모든 살아있는 것들은 가인의 이름을 알지 않을 수가 없다. 네 형은 땅을 파헤쳤어. 자갈을 골라내고 돌덩이를 꺼내며 바위를 들어냈어. 이름 모를 잡초들은 뿌리째 뽑아냈어. 땅의 모든 것들이 가인과 싸웠지. 가인은 그 모든 것들에게 맞서 승리했어. 땅뿐이랴? 메뚜기들은 밭 한가운데서 진땀으로 젖는 가인을 여름 내내 보았다. 가인이 골라낸 자갈의 반만큼이라도 태양이 자비를 베풀었더라면 네 형은 훨씬 살만했을 텐데. 하늘과 땅이 내뿜는 열기에 눈앞이 흐려지고 손에서 힘이 빠져나가고 그대로 주저앉고 싶어 했지. 우리는 네 형이 이를 가는 소리를 들었다. 그것은 사람이 아니었다. 가인은 맹수였어. 그렇게 네 형은 밭을 갈고 씨를 뿌려서 모든 것을 키우며 열매를 거뒀다. 그렇게 여기까지 왔어. 땅 위에서 숨을 쉬며 살아있는 것들 중에 그렇게 한 이는 여태 아무도 없었다.

아벨,

네 형,

가인은,

위대하다.

네 형의 아들들은 가인의 이름을 찬양하리라. 그 아들의 아들들도 가인의 이름을 높이 부르리라. 배고픔을 알지 못할 그 아들의 아들의 아들들도 가인의 이름을 기억하리라. 모두 모여서 상에 먹을 것이 올라올 때마다 가인의 이름을 말하겠지. 사람의 아들 가인이라고. 아담은 흙에서 났지만 가인은 사람에게서 났지. 처음 사람의 최초의 아들. 모두 모여서 가인이 태어난 날을 축복하며 즐거워하리라. 모두 모여서 가인이 흙으로 돌아간 날을 슬퍼하며 눈물을 흘리리라. 사람이 흙에서 나서 흙에서 난 것을 먹고 흙으로 돌아가는 시간을 사는 동안, 가인의 이름은 이 땅을 떠나지 않을 것이다. 땅의 모든 것들은 그것을 알고 있다."

아벨은 움츠러들었다. 고개는 수그러들고 내장도 쪼그라들었다. '그래, 형 말을 들었더라면. 심지어 형이 지금 이곳에 있었더라면 이러고 있지는 않았겠지. 돌아보면 가인 형은 참 지혜로운 사람이야. 오늘 당장 살기도 바쁜데, 나중 일까지 그렇게 헤아려가며 살고. 형 말을 들었어야 해. 집에 가면 다시 식구들을 모아 형이랑 열심히 일해야지.' 아벨은 고개를 떨구고 땅에서 눈을 떼지 못했다.

메뚜기는 다시 바위로 날아가 앉았다.

"아벨!"

아벨은 고개를 들었다.

"지금 이곳을 떠나라. 얼른 너의 양 떼에게로 가라. 그들이 위험하다. 빨리 집으로 가라."

아벨은 비틀대며 일어섰다.

"네 형 가인에게 얼른 가거라. 가서 너도 같이 위대한 시간을 보내야 한다."

"네…. 네."

아벨은 몸에 말라붙은 진창 흙을 후두둑 털며 뒤로 돌았다. 내려온 골짜기를 올라가려는데 어디선가 양의 작은 울음소리가 마음에 들어왔다. 아벨은 다시 고개를 돌려 골짜기를 보았다. 양이 우는 소리를 들었다면 골짜기에 들어올 때부터 들었을 것이다. 귀로 들은 양 울음이 아닌 것 같았다. 검은 메뚜기는 말했다.

"어서 가거라."

"네…."

아벨이 발걸음을 옮기려는데 다시 양 새끼가 우는 소리를 들었다. 아벨은 더 나아가지 못했다. 양 새끼의 미세하지만 분명한 울음소리가 점점 아벨의 가슴에 쌓여갔다. 처음 듣는 양 울음이 아니었다. 그 녀석이 올해 태어났을 때, 어미젖을 떼고 처음으로 풀을 뜯으러 나갔을 때, 아침에 나가면서 장난칠 때, 점심 먹으면서 아벨의 다리에 비비적댈 때, 집으로 올 때, 노을을 보면서 아벨과 같이 감탄할 때, 그리고 밤에 자러 울타리에 들어갈 때의 모든 울음소리들이었다. 아벨은 양 울음소리를 들은 그 모든 시간과 공간들이 생각났다. 어미를 잃었을 때와 어미를 잃은 첫 밤을 보낼 때도 생각났다. 아벨이 귀를 기울이자 양 새끼의 울음소리는 더욱 커졌다. 아벨은 다시 뒤로 돌아 메뚜기를 보고 말했다.

"죄송한데…. 양 새끼가 이 골짜기에 있는 것 같습니다. 찾으러 가야겠습니다."

검은 메뚜기는 뒷다리 두 개로 일어서더니 앞다리로 아벨을 가리켰다.

"사람, 내 말을 이해하지 못했는가? 지금 그 양 새끼 한 마리는 중요하지 않다. 성장한 양도 아니고 고작 새끼 한 마리. 숫자가 더 많은 양 떼가 지금 이 밤중에 양치기 없이 들판에 있다. 바로 네가 멍청하게시리 버려두고 온 양들이다. 양치기 없는 양이 어떤 것인지, 네가 더 잘 알 텐데…. 내 밑에 너처럼 멍청한 부하가 있었다면 당장 죽었다. 지금 가라."

아벨은 주먹을 쥐며 말했다.

"저기 양들은… 하나님께서 지키실 거예요."

"하나님?"

아벨은 양 떼가 있는 산 앞쪽 너머를 바라보았다. 양들은 여느 때와 마찬가지로 하나님께서 지켜 주실 것이다. 수십 년 동안 낮에 지켜주셨는데 밤이라고 지켜주시지 않으실 리가 없다. 아벨은 하나님께서 낮에 깨었다가 밤에 존다는 말을 들어본 적이 없었다. 양 새끼의 울음소리는 이제 아벨의 가슴을 가득 메우고 있었다.

"네, 하나님께서 오늘도 저 양들을 지키실 거예요. 늘 그러셨거든요."

"과연 그럴까?"

아벨은 검은 메뚜기의 말이 자신의 내장을 찔러 들어가는 느낌을 받았다. 검은 메뚜기를 보고 아벨은 놀랐다. 검은 메뚜기가 어른 남자 팔뚝만큼 커져 있었다. 만약 메뚜기가 더듬이로 찌르거나 뒷다리에 나 있는 가시로 조여 온다면 아벨은 좀 고통스러울 것 같았다. 아벨은 두리번거리며 지팡이를 찾았다. 진창 속에 처박혔는지 지팡이는 어디에도 보이지 않았다.

"아벨, 하나님이 양 떼를 지켜주실 거라고?"

"네."

검은 메뚜기는 몸을 살짝 수그려서 뒷다리로 뛸 준비를 했다. 아벨은 배를 부여잡았다. 갑자기 검은 메뚜기가 뛰어들어 자신의 배를 가르고 내장을 뜯어먹지 않을까 걱정했다.

"왜 그런 생각이 들었지?"

"어… 그동안 하나님께서 제 양들을 지키셨으니까요. 저도, 우리 아버지 어머니도, 가인 형도 모두 지키셨어요. 이 모든 것을 지으신 하나님이시니까요. 하나님께서 지키지 않으셨더라면 우리 가족 모두 여기까지 오지 못했을 거예요."

검은 메뚜기는 바위에서 내려와 터벅터벅 걸으며 아벨에게로 왔다. 아벨에게서 두 발자국 떨어진 곳에 멈추더니 검은 메뚜기는 오른쪽 더듬이로 아벨의 왼발을 가리켰다.

"왜 왼발 하고 오른발이 다르게 생겼지?"

아벨은 왼발을 내려다보았다.

"맹수들이 양들을 덮쳤어요. 양들을 구하려다가 맹수가 물었어요."

"저런저런…. 많이 아팠는가?"

아벨은 다시 그날이 생각나려 했다. 지금 이 골짜기에서, 검은 메뚜기 앞에서 다시 생각하고 싶지 않았다.

"음… 그때는 많이 아팠지만 이제 괜찮아졌어요."

"지금도 아픈가?"

아벨의 왼발이 찌르는 듯이 아팠다. 아벨은 메뚜기 앞에서 내색하고 싶지 않았다. 입술을 살짝 깨물며 참다가 아벨은 말했다.

"아니오, 지금은 괜찮다니까요."

검은 메뚜기는 아벨의 왼발로 다가왔다. 물러서고 싶었지만 아벨은 참았다. 검은 메뚜기는 겹눈들로 왼발을 이리저리 둘러보았다.

"살이 뜯기고 뼈가 부서졌는데 아프지 않다고? 메뚜기는 다리가 여섯 개다. 하나만 뜯겨도 고통에 밤새 울어대지. 그 다리가 없어서 잘 뛰지 못하면 곧 다른 짐승의 먹이가 될 자신의 처지를 슬퍼하면서…. 그런데 매일 두 발로 땅을 딛고 서야 하는 인간이 아프지 않다고?"

아벨은 우물거리며 말하지 못했다.

"어, 그러니까…."

"아벨, 너의 왼발이 물린 날, 그날도 하나님께서 양들을 지키셨나?"

"네, 하나님께서 양들을 지켜주셔서 그래도 집에 무사히 갈 수 있었어요."

"모든 양들이 무사히 울타리로 돌아갈 수 있었나?"

아벨은 대답하지 못했다.

"지금 양 새끼 한 마리를 잃어버렸다며? 양 새끼들은 보통 어미를 따라다니고 어미들은 악착같이 새끼를 챙기지. 어쩌다 그 양 새끼는 혼자 나돌아 다녔지?"

"…그러니까 그날 사실 어미 양 한 마리가 잡아먹혔어요."

"그러면 지금 찾아야 하는 양 새끼는 그 어미가 낳았구나."

"네."

"아벨, 그러면 왜 하나님은 그 어미 양을 지키지 않으셨지? 왜 하나님은 그 어미 양을 맹수들의 밥으로 내버려두셨지?"

아벨은 잠깐 동안 말하지 않았다.

"사실 잘 모르겠어요."

검은 메뚜기는 더듬이로 아벨의 왼발을 툭 쳤다.

"아벨, 왜 하나님께서 네 왼발을 지키시지 않았을까?"

왼발의 깊은 곳에서 속을 긁고 뜯는 통증이 불같이 올라왔다. 아벨은 깊은 구덩이에 빠진 기분이었다. 혀가 굳어 갔고 목이 굳어 가며 가슴이 굳어 대답하지 못했다. 몇 번이나 속으로 물은 질문이었지만 한 번도 그 누구에게서 대답을 들어본 적이 없었다.

'왜 물려야 했지? 꼭 물렸어야 했을까? 아버지는 천사들이 불의 검을 들고 에덴을 지키고 있다고 했는데, 그러면 그 천사 한 명만 보냈어도 이렇진 않을 텐데…. 그러면 매일 이 발을 끌고 양을 치러 가지 않아도 될 텐데…. 그랬다면 어미를 구할 수도 있었을 텐데…. 정말 그랬다면 양 새끼를 찾으러 여기까지 오지 않아도 되었을 텐

데…. 앞으로 농사도 더 쉽게 지을 수 있을 텐데…. 앞으로 굶지도 않을 것 같은데….'

"하나님이 왜 왼발을 안 지키셨는지 모르겠어요."

아벨은 주저앉으며 말했다. 검은 메뚜기는 아벨을 올려다보며 말했다.

"그랬구나. 아벨, 하나님께서 네 왼발을 내버려두셨어. 어미 양도 내버려두시고, 양 떼도 지키시지 않으셨구나. 그게 이 세상이야. 그게 바로 이 땅이란다."

아벨은 눈물을 훔치기 시작했다.

"어, 어떻게 해야 할지 모르겠어요. 양 새끼는 어디 있는지 모르겠고, 양 떼도 여태 잘 있는지 모르겠어요. 오늘 집에는 갈 수 있을까요? 이 왼발을 갖고 어떻게 살아가야 할지도 모르겠어요. 형 따라서 계속 쉬지 않고 지쳐 쓰러질 때까지 농사를 지어야 하는지…."

검은 메뚜기는 말이 없었다. 아벨은 계속 울었다.

"내가 도와줄 수 있다."

"네?"

아벨은 눈물을 닦다 말고 검은 메뚜기를 보았다. 검은 메뚜기는 뒤로 가서 다시 바위에 앉았다.

"내가 도와주겠다."

검은 메뚜기의 겹눈이 밝아지기 시작했다. 환하게 뻗어 나오지 않고 고름처럼 누르스름하게 빛이 눈에서 흘러나왔다. 그러자 골짜기 여기저기가 누런빛을 뿜어냈다. 아벨은 손으로 눈을 가렸다. 웅웅거리는 소리가 골짜기 가득 들렸다. 분명히 검은 메뚜기 혼자 내는 소리가 아니었다. 지금 이곳에는 아벨과 검은 메뚜기 말고 무언가 더 있었다. 차츰 빛이 아벨의 눈에 익었다. 아벨은 손으로 빛을 가리며 유심히 골짜기 벽들을 보았다. 작게 빛나는 것들이 골짜기 벽에 촘촘히 박혀 있었다. 아벨은 일어서서 골짜기 벽으로 다가갔다. 빛나는 것들은 조금씩 커졌고 웅웅 소리도 더 잘 들렸다. 검은 메뚜기가 말했다.

"나의 군사들이다."

아벨의 눈에 빛나는 것들의 윤곽이 들어왔다. 골짜기 벽들을 메뚜기늘이 가늑 메우고 있었다. 메누기들은 빈 공산 하나 없이 촘촘히 대열을 이루고 날개를 떨며 울었다. 왼쪽 골짜기 벽의 메뚜기들이 선창을 하자 오른쪽 골짜기 벽의 메뚜기들이 뒤이어 울었다. 서로 화답하는 속도가 점점 빨라졌고 이제 메뚜기들이 하나가 되어 울기 시작했다. 그 울음소리가 골짜기 벽에 메아리치자 아벨은 손을 들어 귀를 막아야 했다. 검은 메뚜기의 겹눈이 다시 검게 돌아오자 메뚜기들은 울음을 멈췄다.

"내가 너를 도와주겠다. 나의 군사들은 거친 바람처럼 날래고 쏟아지는 빗방울처럼 많다. 나의 군사들은 내 명령이라면 불 속에도 뛰어들고 그 어떤 먼 곳도 간다. 나의 군사들은 이 땅의 어떤 짐승도 두려워하지 않는다. 나의 군사들이 너의 양 떼를 지킬 것이다. 나의 군사들이 이 골짜기를 휩쓸어 너의 양을 찾아주겠다. 나의 군사들이 너와 양들을 무사히 집까지 지켜주겠다. 내일 제사 전까지 집에 도착할 수 있다."

"정말이요?"

"그렇다. 대신,"

아벨은 고개를 들어 검은 메뚜기를 바라보았다. 검은 메뚜기가 더 커져 있었다. 아벨은 자신의 눈을 비비고 다시 보았다. 검은 메뚜기가 사람처럼 뒷다리로 일어서자 건장한 남자만큼 컸다. 검은 메뚜기는 숨을 몰아쉬었다. 커다란 배에 나 있는 여러 개의 숨구멍에서 바람이 쉭쉭 나왔다. 검은 메뚜기는 날개를 꺼내 활짝 폈다. 날개가 메뚜기의 머리 뒤에서 달빛을 반사해 후광을 만들었다.

"나에게 절해라."

"절하라고요?"

"나에게 절하면, 너는 나를 섬기고, 나는 너를 지켜주겠다."

아벨은 양 떼를 생각했다. 메뚜기들이 이 골짜기에서 양 새끼를 찾아준다면 그것만으로도 감사한 일이었다. 메뚜기들의 보호를 받으며 오늘 밤 무사히 집에 간다면 더욱 좋을 터였다. 이미 밤이 깊었다. 아벨은 지쳤다. 양 치는 일도 이대로 다 그만두고 싶었다. 매일 아침에 나가서 맹수들이 있는지 두려워하며 양들이 먹을 땅을 찾는 일이 이젠 부담스러웠다.

'메뚜기들이 양들을 지켜준다면, 메뚜기들이 나를 지켜준다면….'

아벨은 문득 오늘 낮의 일들이 생각났다. 하나님은 열심히 일한 가족에게 오늘 추수할 열매들을 주셨다. 가족은 오늘 아침부터 열심히 거뒀다. 하나님은 아벨에게 양들을 먹일 땅을 주셨다. 오늘은 양 새끼를 잃어버린 것을 빼면 참 좋은 날이었다. 내일은 제사 드리는 날이다. 감사의 제사를 드리는 날이다. 이 모든 것을 주신 분은 하나님이시다. 모든 것을 만드신 분만이 모든 것을 주실 수 있다. 하나님이 만드신 메뚜기들은 이것들을 줄 수 없다. 오직 모든 것을 만드신 분에게 절해야 한다. 만들어진 메뚜기에게 절할 수 없다.

아벨은 한 발 뒤로 물러섰다.

"말씀하신 것은 감사합니다만, 저는 아직도 하나님께서 양 떼를 지키신다고 생각해요. 양 새끼도 하나님께서 찾아주실 것 같습니다. 하나님이 저랑 양 떼랑 양 새끼 모두 집으로 데려다 주실 겁니다."

검은 메뚜기는 고개를 갸웃거렸다.

"과연 그럴까?"

"네?"

검은 메뚜기가 더듬이를 앞으로 휘둘렀다. 메뚜기 떼가 골짜기 양 옆에서 튀어나와 아벨을 덮쳤다. 메뚜기들이 꼬리에 꼬리를 서로 물더니 한 줄이 되어 아벨의 목을 조였다. 다른 메뚜기들은 아벨의 콧구멍과 귓구멍을 파고 들어갔다. 아벨은 하늘을 향해 소리를 질렀다.

"도와주세요!"

메뚜기들은 오히려 아벨의 입을 벌리고 목구멍에도 들어가려 했다. 아벨은 쓰러졌다. 황급히 메뚜기들을 손으로 쳐냈지만 메뚜기들은 아벨의 목을 더욱 조였다. 검은 메뚜기는 말했다.

"나에게 절하지 않으면 죽는다."

아벨은 목을 조이는 메뚜기들을 쳐내고 떼내며 죽였지만 메뚜기들은 떼로 계속해서 붙을 뿐이었다. 이제 메뚜기가 만드는 줄은 더욱 두꺼워졌다. 아벨은 거의 숨을 쉬지 못했다. 검은 메뚜기가 다시 말했다.

"마지막이다. 절하지 않으면 죽는다."

아벨은 목 안에서 자신의 마지막 숨을 느꼈다. 이 숨으로 절을 하느냐, 죽느냐의 순간이 온 것을 알았다. 아벨은 하늘을 보며 마지막 숨으로 말했다.

"하… 님… 도와… 주…"

순간 하늘에서 불기둥이 아벨 위에 내리 꽂혔다.

화염이 아벨을 둘러싸고 불타올랐다. 아벨에 붙어있던 메뚜기들은 한 마리도 남김없이 재도 남기지 않고 사라져 버렸다. 골짜기 안에 바람도 없는데 화염은 양옆 골짜기 벽을 덮쳐 올라갔다. 골짜기 양옆의 메뚜기들은 하늘로 도망치기 시작했다. 화염은 다시 합쳐져 불기둥이 되어 도망가는 메뚜기들 위에 불의 파도를 쏟아 부었다. 메뚜기 날개가 타는 짜자작 소리가 공중에 가득했다. 불기둥은 골짜기로 내려와 짐승 뼈를 태우고 바위도 태우고 어둠도 태웠다.

아벨은 불꽃이 되어 일어섰다. 불기운이 마음과 몸에 흘렀다. 아벨은 눈물을 흘렸다. 그리고 웃었다. 아벨은 하늘을 향해 무릎을 꿇고 두 손을 번쩍 들며 소리를 질렀다. 아벨의 외침이 불기둥을 타고 하늘로 올라갔다.

"다 보고 계셨군요! 저도 보고 있고 우리 아버지 어머니, 형도 다 보고 계셨군요! 우리 양들도 밭들도 다 보고 계셨군요! 역시 당신께서 이 땅을 만드셨어요! 이 모든 것들을 만드셨어요!"

아벨의 왼발이 뜨겁게 달이올랐다. 불꽃 속에서 왼발이 타고 있었다. 뜯기고 어그러진 왼발이 빨갛게 달아올랐다. 아벨은 다시 하늘을 향해 노래했다.

"하나님, 왼발이 멀쩡하지 않아도 좋아요. 대신 이 왼발로 더 강하게 해주세요. 감사합니다! 왼발 때문에 어정거리고 느려요. 그때 저를 지켜주시고, 우리 양들도 지켜주세요. 맹수들이 다시 와도 물리칠 수 있도록 도와주세요! 모두 지켜주세요!"

온 주변이 화염인데도 검은 메뚜기는 미동도 없이 서 있었다. 아벨은 일어섰다. 검은 메뚜기에게 다가가서 손가락으로 검은 메뚜기를 가리키며 말했다.

"똑똑히 보아라! 하나님은 살아 계신다!"

검은 메뚜기는 말이 없었다. 아벨은 다시 말했다.

"하나님은 살아 계신다! 나를 지키신다!"

아벨을 둘러싼 불꽃이 더 거세게 치솟았다. 골짜기 안은 이제 불바다였다. 모든 어두운 것들과 악취 나는 것들이 타서 재로 변했다. 아벨은 검은 메뚜기의 겹눈들을 보았다. 수십 개의 눈들이 아벨을 보고 있었다. 주위가 불꽃으로 가득하건만, 메뚜기의 눈들 안에서는 어떤 열기도 보이지 않았다. 검은 메뚜기는 앞다리를 들어 아벨을 가리키며 말했다.

"나에게 절하지 않았으니 너는 나의 적이다. 너를 반드시 죽이겠다."

검은 메뚜기는 땅을 박차고 뛰어올라 날개를 펴고 날아가 버렸다. 불꽃이 들이닥쳐 검은 메뚜기가 있던 자리를 살라버렸다.

양 한 마리와 양치기

아벨은 눈을 떴다. 꿈을 꾸었는지 환상을 보았는지 잘 알 수 없었으나 시간이 꽤 지난 것 같았다. 변한 것은 없었다. 말을 하는 메뚜기 같은 것은 없었고 불꽃 또한 보이지 않았다. 아벨은 여전이 신창 속에 얼굴만 내밀고 있었디. 아직도 한밤중이었고 골짜기는 어전히 어두웠다. 퀘퀘한 냄새가 계속 아벨의 코를 찔렀다. 그러나 왜 그런지 아벨은 힘이 났다.

"하나님, 지금도 도와주세요. 이젠 그 녀석 찾으러 가야 돼요."

움직여보니 진창의 밀도 때문에 더 이상 가라앉을 것 같진 않았다. 지팡이는 여전히 손에 있었다. 아벨은 다시 지팡이로 여기저기 진창 속을 찔러보기 시작했다. 지팡이 끝이 어딘가 단단한 곳에 걸렸다. 아벨은 그 단단한 곳을 지팡이 끝으로 짚고 힘을 주어 밀었다. 진창가 가까이 아벨은 밀려났다. 다시 지팡이 끝으로 다른 곳을 짚고 또 밀었다. 몇 번 더 자신을 밀자 마침내 아벨은 진창 가까이 마른땅에 닿을 수 있었다. 진창에서 기어 나와 아벨은 땅에 쓰러졌다. 아벨은 잠시 누워서 골짜기 위 하늘을 보았다.

달이 환했다. 아벨은 웃었다. 몸을 일으켜서 골짜기를 보았다. 여전히 바위와 진창과 짐승 뼈들이 있는 곳이지만, 아벨은 왜 그런지 불안하지 않았다. 골짜기의 바람이 젖은 몸에 불어댔지만, 마음은 여전히 뜨끈뜨끈했다. 아벨은 가죽옷을 벗어 짰다. 시커먼 진창물이 주르륵 흘렀다. 옷을 탈탈 털고 나서 아벨은 너털웃음을 터트렸다. 아벨은 두 손을 하늘을 향해 뻗고 소리 질렀다.

"감사합니다! 감사합니다!"

분명히 이곳에 들어올 때 골짜기에선 아무 소리도 들리지 않았다. 그 어떤 소리도 앞으로 나가지 못했다. 아벨이 외치자 골짜기에 메아리가 울렸다. 아벨은 불꽃이 골짜기 벽을 태웠다고 생각했다. 드디어 이 골짜기도 하나님을 찬양하는 듯싶었다.

"와! 신기하다!"

아벨이 하나님의 이름을 더욱 소리 높여 외치자 골짜기도 하나님의 이름으로 가득 찼다. 아버지는 하나님 곁에 셀 수 없이 많은 천사들로 이루어진 찬양대가 있다고 말했다. 그 천사들이 이 골짜기에 내려온 것은 아닐까 아벨은 생각했다. 아벨은 귀를 세우고 가만히 골짜기의 모든 찬양을 들으려 했다. 그 와중에 다른 소리가 아벨의 메아리를 뚫고 귀에 들어왔다.

"매애애애…"

아벨의 메아리보다 작지만 분명한 울음소리가 골짜기에 울려퍼지고 있었다. 아벨은 누구의 소리인지 금세 알았다. 맹수의 소리나 메뚜기의 소리가 아니었다. 산 앞쪽의 양들이 넘어왔을 리도 없다. 이 골짜기에 양이 한 마리 있다면, 바로 그 녀석이었다. 양치기가 양의 목소리를 알 듯, 양도 양치기의 목소리를 안다. 녀석이 아벨의 메아리를 듣고 어디선가 대답한 것이다. 아벨은 다시 소리를 질렀다.

"야 이 녀석아! 어디 있니!"

"매애애애…"

아벨은 주먹을 불끈 쥐고 환호성을 질렀다. 이제 들려오는 소리만 따라가면 된다. 양치기는 계속 외쳤고 양도 따라 답했다. 양치기와 양이 화답하는 소리들이 온 골짜기에 울려 퍼졌다.

아벨은 양 새끼를 부르며 골짜기 안을 한참 들어갔다. 산 앞쪽에서 뒤쪽으로 넘어갈 때는 나름대로 입구가 넓었다. 진창을 지나고 더 들어가자 골짜기는 점점 좁아들어갔다. 맹수들이 먹잇감을 산 뒤쪽에서 몰아 내려온다면, 먹잇감들은 이곳에서 모조리 죽는다. 골짜기 벽은 계속 높고 가파르게 올라서 벽의 그림자가 골짜기 안쪽을 모두 덮었다. 이제 더 이상 골짜기 안이 잘 보이지 않을 만큼 컴컴해졌다. 그러나 어둠 속에서도 다행히 양 새끼는 아벨의 외침에 잘 답해 주었다. 양치기의 목소리를 듣고 안심한 모양인지 양 새끼는 다급하게 울진 않았다. 아벨은 계속해서 양 새끼를 부르며 지팡이로 땅을 더듬어 나갔다. 마침내 아벨은 메아리가 아닌 양 새끼가 직접 우는 소리를 듣기 시작했다. 분명히 이 근처에 양 새끼가 있다. 평지는 없고 깎아내려오는 골짜기 벽이 있기 때문에 양 새끼는 이 벽들 어딘가에 있다.

양 새끼의 울음소리가 위에서 내려왔다. 양 새끼는 골짜기 벽 위까지 어찌어찌 올라갔는데 높이와 어둠 때문에 내려오지 못하는 것 같았다. 한 번 더 양 새끼를 불러보았다. 양 새끼도 위에서 울었다. 아벨은 지팡이를 골짜기 벽에 찔러보았다. 흙이 퍼서석 부스러지는 것을 보니 조심해서 발을 딛어야 한다. 아벨은 지팡이를 내려놓고 벽을 오르기 시작했다. 바위만 골라서 손으로 잡으려 했지만 잡자마자 부서지고 으스러졌다. 꽤 올라갔지만 아벨은 다시 벽을 따라 주르르 미끄러져 내려왔다. 몇 번 그렇게 미끄러지고 난 후, 아벨은 단단한 바위를 포기하고, 몸을 벽에 붙이면서 흙벽을 기어 올라갔다. 올라가다 보니 단단한 바위들이 조금씩 나왔다. 이 바위들을 디딜 수 있게 되자 아벨은 점점 빨리 올라갈 수 있었다. 양 새끼가 우는 소리가 제법 가까이 들렸다. 마침내 삐죽이 튀어나온 바위 밑까지 도달했다. 바위 밑 인기척을 알아차렸는지 양 새끼가 고개를 바위 위로 툭 내밀었다. 아벨과 눈이 마주친 양 새끼는 반갑다는 듯 울었다. 아벨은 웃었다.

양 새끼는 간신히 새끼 동물 하나가 주저앉아 엉덩이를 붙일 만한 작은 바위에 앉아 있었다. 아벨은 바위를 붙잡고 팔에 힘을 주어 올라갔다. 아벨의 눈이 바위 위로 오르자 양 새끼는 잠시 뒤로 물러서더니 다시 다가와서 아벨을 정신없이 핥았다. 아벨은 양 새끼를 한 팔로 안고 바위에 한쪽 엉덩이로 걸터앉았다. 양 새끼는 계속 아벨을 핥았고 아벨도 양 새끼를 안고 쓰다듬었다. 양 새끼는 아벨의 품 안으로 파고들어 부르르 떨었다.

"어 괜찮아. 내가 왔잖아. 이젠 괜찮다고…."

아벨은 양 새끼를 보듬은 후에 눈앞에 펼쳐진 광경을 바라보았다. 달빛과 별빛이 전에 어두워 보이지 않던 골짜기 위에 내려왔다. 골짜기는 편안히 잠을 자고 있었다. 아벨은 하나님이 골짜기의 입을 봉인하고 발톱을 묶었다고 생각했다. 이제 춤추면서 걸어가도 무사히 집으로 갈 것이라고 생각했다.

"하나님, 이 녀석을 찾아주서서 감사합니다. 찾을 줄 알았어요."

아벨은 계속 양 새끼를 안아주었다. 시간이 지나고 진정이 되자 양 새끼는 아벨에게 장난치기 시작했다.

"어여 가자. 네 친구들도 집에 가고 우리도 가야 돼. 아버지, 어머니, 형 다 걱정하시겠다."

아벨은 한 손에 양 새끼를 들고 나머지 손으로 지팡이를 잡고 조심스레 미끄러져 내려갔다. 마침내 골짜기 가운데에 이르자 아벨은 양 새끼를 놓아주었다. 아벨과 양 새끼는 멀리 보이는 산을 향해 걷기 시작했다. 아벨은 아까처럼 진창에 빠지지 않도록 지팡이로 땅을 짚었다. 양 새끼는 아벨 옆에서 촐랑거리더니 앞으로 나가 진창을 요리조리 피하며 걷기 시작했다. 아벨은 놀랐다. 짐승 특유의 감각으로 아는지, 아니면 이 녀석이 골짜기 안으로 들어올 때 익힌 길인지 알 수 없었다. 그 짧은 시간 안에 자란 것일까. 양 새끼는 이제 아벨에게 마냥 까불지 않고 갈 길을 아벨에게 앞서 짚어주었다. 아벨은 들어올 때보다 훨씬 빨리 골짜기를 빠져나갔다. 한참을 걷자 아벨은 자기가 빠졌던 진창을 보았다. 그곳에 빠졌던 자신을 생각했다. 그곳에서 꾸었던 꿈이 생각났다. 아벨은 입술을 열어 노래했다.

하나님이 양을 사랑하시어
어둠의 골짜기에서
안전한 바위 위에 올려놓으시고
양치기에게 불을 내리어
골짜기 너머로 보내셨도다

하나님이 양치기를 사랑하시어
어둠의 골짜기에
불을 내리어 적들을 무찌르시고
안전한 바위를 태초부터 마련하시어
양을 그 위로 보내셨도다

아벨과 양 새끼는 골짜기 바닥의 진창들을 벗어나 산등성이를 올라갔다. 내려갈 때는 진흙길이었던 곳이 밤새 바람이 많이 불었는지 제법 굳었다. 진흙길 위에 찍힌 아벨의 발자국들이 산 뒤쪽 능선에서부터 골짜기 아래까지 이어졌다. 발자국들은 골짜기로 내려갈수록 더 깊이 찍혀 있었다. 양 새끼는 진흙길을 피해서 이리저리 잘도 올라갔다. 아벨도 양 새끼를 따라갔다. 높이 올라갈수록 골짜기에서 올라오는 퀘퀘한 냄새도 점점 가셨다. 아벨은 숨을 크게 들이쉬었다. 산 앞쪽의 맑은 공기를 조금씩 느꼈다.

마침내 아벨과 양 새끼는 골짜기를 완전히 벗어나 산 앞쪽으로 넘어왔다. 이제 아벨은 남겨둔 양 떼가 잘 있는지 궁금했다. 아벨은 양 새끼를 한 손에 들고 조금씩 뛰어 내려왔다. 산 앞쪽 언덕을 거의 다 내려오자 양 떼들이 어제 낮에 머물렀던 들판이 나왔다. 아벨은 멈춰 서서 양 떼를 찾았다. 이쯤 되면 멀리서 보일 법도 한데, 양 떼는 보이지 않았다. 아벨은 식은땀이 났다. 다시 양 새끼를 한 손에 들고 얼른 들판을 가로질러 갔다. 분명히 골짜기에서 아벨은 하나님께서 양 떼를 지켜주시리라는 생각이 들었다. 그런데 사방을 둘러봐도 양 떼는 없었다. 아벨과 양 새끼는 들판 한 곳에 도착했다. 아벨이 울타리로 남긴 돌들이 그대로 있었다. 이곳에 분명히 양 떼를 남겨두었다. 양들의 발자국들도 많았다. 그러나 양 떼는 없었다.

"하나님, 이 양 새끼를 찾아주셨듯이 우리 양 떼도 찾아주세요."

아벨은 이렇게 말하고 다시 발자국들을 보았다. 맹수들이 양 떼를 습격하면 양들은 보통 이리저리 흩어졌다. 지금 이 발자국들은 여기저기 흩어지지 않고 어딘가 우르르 한 방향으로 몰려간 흔적을 보여주었다. 누군가 양 떼를 몰아갔든지, 아니면 먹이를 한쪽으로 몰 줄 아는 새로운 맹수의 출현이었다. 아벨은 두 번째 경우를 생각하고 싶지 않았다.

다행히 양 떼의 발자국은 집 방향으로 향했다. 아벨은 그제야 가족 생각이 들었다. 이렇게 밤이 깊은데 양들은 물론이고 자신마저 여태 돌아오지 않았다. 아버지, 형 그리고 어머니가 많이 놀랐을 것이다. 아벨은 더 빨리 걸었다. 집으로 가는 길이 얼마 남지 않은 곳에서 아벨은 많은 수의 짐승들이 걷는 소리를 들었다. 밤짐승들은 떼로 다니지 않는다. 분명히 아벨의 양 떼였다. 아벨은 뛰기 시작했다. 마침내 아벨은 양 떼의 후미에 이르렀다. 멀리 양 떼의 선두에 밤길을 밝히는 횃불이 움직이고 있었다.

"어머니?"

하와는 뒤를 돌아보았다. 아벨이 양 새끼 한 마리를 안고 웃으며 서 있었다. 하와는 양 떼를 멈추게 하고 아벨에게로 뛰어갔다.

"너 어디 있었어! 무슨 일이 난 거야? 몸은 괜찮고? 맹수들이 또 왔었니?"

하와는 횃불로 아벨의 몸을 구석구석 밝혔다. 아벨은 또 웃었다.

"어머니 전 멀쩡해요. 맹수들은 없었어요."

하와는 그제야 아벨을 붙잡고 울었다.

"네가 해지도록 안 오길래…. 가인이 밥도 안 먹고 들판에 나가서 기다렸다. 달이 떠도 네가 안 오는 거야. 우린 그 맹수들이 다시 온 줄 알았어. 네가 물려가거나 너무 다쳐서 못 오는 줄 알았어. 근데 양들을 데리고 어디로 갔는지 알 수가 있어야지. 가인이 여기저기 저녁 내내 돌아다니다가 네 양 떼를 찾았지! 그런데 양 떼만 있고 넌 없는 거야! 가인이 네가 물려간 게 틀림없다고 집에 가서 몽둥이 챙겨갖고 다시 너 찾으러 나갔다. 아버지도 가인만 가면 안 된다고 해서 같이 갔어. 맹수들이 안 왔으면 무슨 일이 있었어?"

아벨은 고개를 수그렸다.

"어머니 너무 죄송해요. 일단 우리 양 떼 먼저 데리고 집에 가요. 얘네들, 지금 여기 있으면 안 돼요."

"그래 어서 가자."

아벨과 하와는 양 떼를 급히 집으로 몰았다. 하와는 횃불로 선두를 밝혔고 아벨은 후미에서 지팡이로 양들을 독려했다. 아벨이 느끼기에 골짜기에서 지낸 시간보다 지금 집으로 가는 시간이 더 길었다. 입안이 말라갔다. 이제 멀리서 가인의 밭이 보였다. 한밤중에 짐승들이 우르르 가는 소리가 들리자 집에서 사내 두 명이 튀어나왔다.

"여보! 아벨은?"

"아버지, 저 여기 있어요!"

가인이 한 손에 횃불과 다른 손에 몽둥이를 들고 냅다 아벨에게 달려왔다. 가인도 아벨의 온몸을 횃불로 밝히며 살펴보았다.

"어디 다친데 없어? 맹수들은? 또 왔어? 얼마나 많이 왔어?"

아담도 아벨에게 뛰어왔다.

"아벨 너 괜찮니? 왜 이렇게 못 왔어?"

"어 아버지 저 괜찮아요. 다친 데 없어요. 맹수 안 만났어요."

가인은 횃불을 이리저리 휘두르며 말했다.

"난 네가 하도 안 오길래 나가서 여기저기 살펴봤다. 어디 멀리 나갔나 싶었지. 아 근데 저기 멀리 산 앞쪽에 네 양 떼가 있는 거야! 양들이 보통처럼 여기저기 나대지 않고 가만히 모여 있더라. 그래서 난 네가 어디 가까운데 볼 일이라도 보러 간 줄 알았지. 그런데 아무리 기다려도 안 오더라고! 갑자기 저번에 맹수들이 널 덮친 날이 팍 생각나는 거야. 네가 우두머리 대가리를 쳤다고 했지? 그 맹수들이 다시 널 찾으러 온 게 분명하구나! 지독한 놈들! 아버지도 오시더니 똑같은 얘기를 하시는 거야."

"그놈들은 여간 영악한 놈들이 아니라서 다시 올 것 같은 생각이 들었다."

아담은 부르르 떨며 말했다.

"아니 그래서 어머니는 양 떼를 좀 지키라고 하고 아버지랑 나랑 몽둥이 챙겨 들고 너 찾으러 나간 거야. 원래 나는 서쪽 숲으로 가고 아버지는 동쪽 들판으로 가려고 했지. 근데 혼자 다니면 밤짐승들에게 역으로 당할까 봐 아버지랑 나랑 둘이 같이 다녔어. 아무리 찾아봐도 너 없더라. 네가 여태 양 치러 간 곳은 다 가봤어. 어디 갔었어? 도대체….”

"어 형, 정말 미안해. 아버지 어머니, 죄송해요. 모두 너무 수고하셨어요. 알리고 갈 틈이 없었어요."

"도대체 어디를 갔는데 그래?"

아벨은 웃으며 품 안의 양 새끼를 가리켰다.

"이 친구를 찾으러 갔었어요."

가인도 양 새끼를 가리키면서 말했다.

"그 녀석? 맨날 촐랑거리면서 네 발 끝에서 놀던 애 아냐? 맨날 네 옆에 있었는데, 찾으러 갔다고?"

"그 양 새끼가 길을 잃고 헤맸구나?"

아담도 양 새끼를 유심히 보며 말했다.

"어, 네 아버지. 해가 지려고 해서 양들을 다 모았는데, 얘가 안 보이는 거예요. 워낙 까부는 녀석이고 엄마도 없으니까 어디 또 떨어져서 노나 보다 해서 찾아봤죠. 근데 없는 거예요. 아무 데도. 근처 있을 만한 곳은 다 찾아봤어요. 그래도 없는 거예요. 가만히 보니까 산 뒤쪽으로 넘어간 것 같은 거예요. 그냥 집으로 오려고 해도 도저히 안 되겠더라고요. 얘가 눈에 밟혀서 갈 수가 없었어요. 그래서 나머지 양들을 모아 두고 하나님께 지켜달라고 말하고 산 뒤쪽으로 갔어요."

가인은 인상을 찌푸렸다.

"뭐? 양들을 그냥 두고 간 거야?"

아벨은 못 들었는지 계속 말했다.

"딱 넘어갔는데 너무 다른 곳이 나타났어요. 풀 한 포기 없고 바위에 냄새에… 정말 어떻게 말하기 힘든 곳이에요. 거길 내려가니까 골짜기가 있는 거예요. 내려가는 길도 진흙탕인데 골짜기 밑까지 내려가니까 온통 진창이에요. 아무리 지팡이로 쑤셔보고 가려고 해도 결국 한 곳에 풍덩 빠졌어요. 아무리 걷고 헤엄치려고 해도 못 빠져나왔어요. 그렇게 있는데 갑자기 제가 꿈을 꾼 것 같아요. 앞에 딱 뭐가 나타났느냐 하면 메뚜기 한 마리가 바위에 앉아 있는 거예요. 근데 그 메뚜기가 말을 하는 거예요."

"응? 뭐라고?"

아담도 하와도 눈썹을 올리며 말했다. 아벨은 그것도 못 봤는지 계속 말했다.

"메뚜기가 저한테 깨어났느냐고 물어봤어요. 저도 신기하니까 계속 봤죠. 정말 그렇게 시키면 메뚜기는 처음 봤어요. 그 메뚜기가 저에게 이름을 물어보는데…."

"잠깐만."

가인은 아벨의 말을 끊고 말했다.

"어디까지 갔다고?"

"어… 산 뒤쪽 골짜기까지."

"거긴 나도 안 가 본 곳인데. 처음 가보는 곳에 양들을 놔두고 갔다고? 이 한밤중에?"

아벨은 품 안의 양 새끼를 가인에게 내밀었다.

"어 형, 얘가 길을 잃어버린 거야. 형도 알잖아? 저번에 맹수에게 물려간 어미. 그 어미 양이 올해 얘를 낳고 몇 달 있다가 그렇게 된 거라고. 엄마가 없으니까 내 발 밑에서 노는 거야. 그래서 다른 양들하고 놀라고 보냈지. 한참 있다가 보니까 얘가 없어졌어. 엄마도 없는데 누가 챙겨줘. 얘가 가다가다 골짜기까지 간 거지. 그래도 뭔가 위험한 걸 느꼈는지 절벽까지 올라갔는데 못 내려오더라고. 내가 가도 소름이 돋고 무서운 골짜기인데 얘가 얼마나 무서웠겠어? 가니까 너무 반가워서 난리야. 그래서…"

"그게 지금 무슨 소리야!"

가인은 횃불과 몽둥이를 땅에 내던졌다. 아벨은 움찔거리며 피했다. 양 새끼가 울었다.

"지금 요 양 새끼 한 마리 때문에 양 떼를 놔두고 갔다는 소리야? 이 밤중에? 낮에도 길 못 찾는 양들인데 밤에 놔두고 가? 울타리도 아니고 들판 한가운데? 그 맹수들이 다시 왔더라면 양들은 다 죽었어! 네가 양치기냐? 양치기가 양들을 버리고 가? 생각이 있는 거야, 없는 거야?"

아벨은 양 새끼를 안고 뒤로 물러섰다.

"형, 얘는 나 없었으면 죽었어. 혼자 그 골짜기에서 못 나왔어. 엄마도 없고 나밖에 없는 애야. 형이 그 골짜기를 봤어야 돼. 얘는 나밖에 없다고! 나밖에 구하러 갈 수 없었다고! 나 아니면 죽는 애라고!"

가인은 한숨을 쉬었다.

"양은 또 낳으면 되지!"

"뭐?"

아벨은 순간 양 새끼의 귀를 손으로 막았다.

"그래 네가 양 새끼를 생각해서 찾으러 간 건 참 굉장한 일이지. 그런데 네가 찾으러 간 양 새끼는 고작 한 마리고, 네가 두고 간 양들은 도대체 몇 마리들이야? 게다가 새끼 아냐? 당장 지금 새끼 낳을 수 있는 암양들이 얼마나 많은데? 그래도 이해가 안 가?"

"그게 말이 되는 소리야? 양은 낳으면 된다고?"

"너야말로 진짜 말귀 못 알아듣네. 생각해 봐. 네가 양 새끼 찾으러 갔어. 그런데 그 사이에 양 떼에게 무슨 일이 생겼어. 그럼 너 그 양 새끼 한 마리 건지는 거야. 반대로 양 새끼는 포기하고, 양 떼를 몰고 무사히 집에 왔어. 그러면 한 마리 잃어버렸지만, 대신 많은 양들을 건졌다고. 간단한 생각이야. 이게 그렇게 생각이 안 돼? 이게 그렇게 머리에 안 떠오르냐고?"

"양 떼는 하나님이 지켜주실 거라고 생각했어."

"하나님이? 하나님이 지키신다고?"

가인은 긴 한숨을 쉬었다.

"아 물론 하나님이 다 보고 계시지. 근데 네가 저번에 나한테 물어봤잖아. 하나님이 지키시면 내 왼발, 왜 이렇게 됐냐고. 그래 지금 너에게 물어보자. 네 왼발은 왜 그렇게 됐냐?"

아벨은 왼발을 바라보았다. 아파서가 아니라 아프지 않아서였다. 이제 더 이상 왼발이 아프지 않을 것이라는 생각이 들었다. 아벨은 말했다.

"왜 그렇게 됐는지는 나도 모르지만, 어쨌든 오늘 밤은 하나님이 양 떼를 지키셨지? 아무 일도 안 일어났잖아?"

가인은 횃불과 몽둥이를 다시 집어 들었다.

"얘 진짜 할 말이 없네. 오늘 아침에 내가 양 치러 나가지 말고 추수나 도와달라고 했지? 내 말 들었더라면 이 밤중에 우리까지 고생할 필요가 없었잖아! 네가 생각이 없는 건 알고 있었지만 이렇게까지 없을 줄은 몰랐다. 안 되겠어. 앞으로는 양 떼도 내가 맡는다. 넌 아버지 도와서 새 밭 일구고 추수나 좀 해."

"뭐? 양 그만 치라고?"

"두 번 말해야 알겠냐? 너같이 뭘 살리고 뭘 포기할지 생각을 못하는 녀석에게 저 양들을 맡길 수 없다. 네가 양이라면 네 밑에서 살고 싶겠냐?"

"아버지? 어머니?"

아벨은 아담과 하와를 바라보았다. 여태 말이 없던 아담과 하와도 한숨을 쉬었다.

"아벨아."

아담은 힘없이 양 떼를 보며 말했다.

"오늘은 네가 잘못한 것 같구나."

"네?"

"가인 말이 맞다. 오늘 일을 좀 더 생각을 해봐라. 당분간 양은 가인에게 맡기고 넌 농사일을 도와라."

아벨은 주저앉아 아담을 보았다. 아담의 눈이 초점을 잃었다. 아벨은 말했다.

"아버지, 이제 제 양들이 없는 거예요? 아버지 내일 제사예요. 전 하나님께 뭘 드려요?"

가인은 몽둥이로 아벨 품 안의 양 새끼를 가리켰다.

"그 양 새끼면 되겠네. 양 떼 다 버리고 찾아왔으니 얼마나 소중하겠냐? 하나님이 엄청 기뻐하시겠다. 올해 태어난 새끼니까 딱 좋구먼. 그 양 마지막으로 제사 드리고 이제 농사나 도와라."

아벨은 말을 잇지 못했다.

"네가 오늘 유일하게 제대로 말한 건 내일 제사 드리는 날이라는 거다. 아버지, 어머니, 어서 가시죠. 내일도 바쁘고 피곤한 날인데, 오늘 이렇게 잠도 못 자고 이러고 있으니."

가인은 아벨의 지팡이를 들더니 양 떼를 집으로 몰기 시작했다. 아담은 말없이 집으로 들어갔다. 하와는 아벨 옆에 앉아서 양 새끼를 쓰다듬었다.

"아벨아, 왜 그랬어? 아니 왜 양들을 놔두고 간 거야? 왜…"

아벨은 눈물을 흘렸다. 눈물이 양 새끼의 머리 위에 떨어졌다. 양 새끼는 아벨의 얼굴을 핥았다. 아벨은 양 새끼를 꼭 안고 더 많이 눈물을 흘렸다. 양 새끼는 이제 아벨의 눈물을 핥기 시작했다.

메뚜기 왕과 그의 종

　가인은 자다 말고 자리에서 일어났다. 집안을 둘러보니 가족들 모두 자고 있었다. 밖을 빼꼼히 내다보니 아직도 한밤중이었다. 어제 낮에 일하고 아벨까지 찾아다니느라 피곤했다. 아침까지 곯아떨어졌어야 했는데, 이렇게 깨다니 의외였다. 가인은 문을 보았다. 분명히 문 바깥에서 인기척이 났다. 인기척이 있는 정도가 아니라 누가 가인을 부르고 있었다. 소리가 나지 않았지만 분명히 가인은 누가 자신을 부르는 것을 알았다. 그 부름도 이상했다. 사람의 부름이면 사람인 줄 알겠는데, 이 부름은 사람의 것이 아니었다.
　가인은 어머니에게 말을 걸었던 뱀의 이야기가 생각났다. 한구석에 서 있는 몽둥이를 쥐어들고 가인은 천천히 문 쪽으로 다가갔다. 부름은 더욱 커졌다. 가인은 몽둥이를 꽉 쥐었다. 부름은 이제 정신없이 쟁쟁거리며 가인의 마음을 뒤흔들었다. 가인은 문에 달린 거적때기를 박차고 나갔다.

문 앞에 검은 메뚜기 한 마리가 서 있었다.

"네가 가인이냐?"

'지금 감히 이 작은 메뚜기 한 마리가 내 잠을 방해했나? 어제 정신없이 일해서 피곤한데? 내일도 바쁜데?'

가인은 몽둥이로 내려칠 준비를 하고 말했다.

"그렇다. 내가 가인이다. 넌 누구냐?"

"난 메뚜기의 왕이다."

가인은 코웃음을 쳤다.

"메뚜기의 왕? 내가 알기로 이 땅의 모든 짐승을 만드신 분은 하나님이시고, 내 아버지 아담이 그것들을 다스리셨다. 메뚜기 왕이든 멧돼지 왕이든 그런 건 없다고 알고 있는데. 뭐 세상은 넓고 별일이 다 있다고 치자. 어이 왕메뚜기, 날 부른 이유가 뭐냐? 피곤해 죽겠는데, 내 잠을 깨운 이유를 말해라."

검은 메뚜기는 더듬이로 가인을 가리켰다.

"역시 듣던 대로 거침없구나, 아담의 아들 가인. 너의 이름을 온 땅이 알고 있다."

가인은 인상을 찌푸리며 말했다.

"그래?"

"그렇다. 온 땅이 네가 한 일을 알고 있다. 해 아래서 땀 흘리며 땅을 파고 바위를 꺼냈지. 그런 일은 아무나 할 수 없다. 손바닥이 갈라지고 발바닥에 자갈이 박혀서 흘린 피를 땅이 알고 있다. 무화과나무가 즐거이 열매를 맺고 포도나무가 달콤한 포도를 내놓았지. 해가 떠오를 때 찬란하게 빛나는 밀밭을 온 땅의 짐승들이 매일 아침 보고 있다."

가인은 그제야 인상을 폈다.

"그거 고맙군. 나를 칭찬하러 왔나? 칭찬은 고마운데, 그러면 낮에 올 것이지, 이 밤중에 굳이 나를 깨웠어야 했나?"

"칭찬뿐이겠느냐. 메뚜기의 왕만이 할 수 있는 제안을 하나 하지."

가인은 하품을 했다.

"얼른 말해라. 벌써 눈꺼풀이 무거워서 난 들어가고 싶다."

"너의 수고를 우리는 알고 있다. 그 수고가 맺은 열매들도 모두 보고 있지. 수고했는데 열매가 없다면 얼마나 안타까울까? 밭에 줄 물이 너무 없다면, 밭에 오는 물이 너무 많다면, 바람이 너무 많이 분다면, 온갖 벌레들이 열매를 먹어치운다면, 이 땅이 너의 식물들을 거부한다면? 그해 가을 너의 손에 떨어지는 열매가 없다면, 너의 혀가 맛볼 열매들이 금세 없어진다면? 그로 인해 너의 뱃속이 뒤틀리고 손발이 피곤해서 이제 일어날 수 없다면?"

가인은 다시 얼굴을 찌푸렸다.

"그해는 어찌어찌 살아남았다 치자. 다시 땀 흘리고 농사지어야 하겠지. 그동안 밤이 되면 피곤에 절어 쓰러지고 해가 뜨면 빨간 눈을 비비며 밭으로 나가야 하겠지. 팔다리는 힘이 없고 마음은 바위처럼 무겁겠지. 이 식물들이 열매를 충분히 맺을지 아닐지 전혀 모르기 때문에…."

"이미 겪어본 것들이다. 뭘 제안하고 싶은 거냐?"

"아담의 아들 가인. 나는 메뚜기의 왕이다. 나에겐 군사들이 있다. 내 군사들이 너의 밭을 지켜주겠다. 비가 오지 않는 날에 나의 군사들이 입으로 물을 길어주겠다. 물이 너무 많다면 나의 군사들이 날개로 물을 막아주겠다. 짐승과 벌레들이 너의 밭을 습격하는 날에 내 군사들이 그들을 물리치겠다. 너에게 일정한 소산을 보장하겠다."

가인은 턱수염을 손으로 만졌다.

"듣기에 아주 좋은데…. 그렇다면 내가 너에게 할 일은 뭐냐?"

검은 메뚜기는 더듬이로 가인을 가리켰다.

"나를 섬기고 내 종이 되어라. 아담의 아들 가인, 지금 나에게 절해라."

가인은 잠시 검은 메뚜기를 보며 골똘히 생각했다. 몽둥이로 땅바닥을 몇 번 툭툭 치더니 가인은 말했다.

"메뚜기의 왕, 너의 제안은 고맙다. 밭을 일구다 보면 그런 생각이 들기 마련이지. 이 곡식이 과연 잘 커줄까? 이 나무가 열매를 맺어줄까? 이번 해에 또 무슨 일이 일어나지는 않을까? 그런데 누가 소산을 보장해 준다면? 그것만큼 좋은 일은 없지.

그러나 내가 우리 아버지에게 듣기로는, 비와 바람과 땅과 모든 식물과 동물을 주관하시는 분은 하나님이시다. 아버지께서 항상 그렇게 말씀하셨고, 나도 그런 것 같다. 더구나 우리는 하나님 외에는 절하지 않아. 방금 말했지만 난 하나님 외에 하늘과 땅의 왕이라곤 들어본 적이 없다. 그러니 메뚜기왕, 이젠 내 잠을 방해하지 말고 얼른 꺼져라. 내 밭과 소산은 하나님이 지키시겠지."

"과연 그럴까?"

가인은 다시 코웃음을 치고 몽둥이를 들었다.

"오늘 말귀를 못 알아먹는 놈이 또 있네. 우리 아버지가 메뚜기들은 귀가 머리에 있지 않고 배에 있다더니, 그래서 그런가. 당장 꺼지지 않으면 몽둥이로 머리와 배를 한꺼번에 터트려 곤죽으로 만들어 주겠다. 내 밀 이삭들을 먹어치운 메뚜기들이 그렇게 됐거든."

"정말 과연 그럴까?"

검은 메뚜기 뒤편의 어둠이 갑자기 누르스름하게 환해졌다. 가인은 몸이 굳었다. 검은 메뚜기 뒤로 수많은 메뚜기들이 눈을 밝히고 날개를 떨기 시작했다. 날개를 떠는 웅웅 소리가 점점 커졌다. 가인은 검은 메뚜기에게 몽둥이를 겨누며 외쳤다.

"지금 뭘 하는 거냐?"

메뚜기들이 일제히 날아올랐다. 가인은 재빨리 몸을 수그려 메뚜기들을 피했다. 메뚜기 떼는 가인의 머리 위로 뛰어올라 어디론가 날아갔다. 가인은 뒤로 돌아 몽둥이를 들고 밭으로 뛰어갔다. 이미 메뚜기 떼의 선두가 밀 이삭들을 갉아먹기 시작했다. 메뚜기들은 밀알은 물론이고 긴 줄기까지 순식간에 먹어치웠다. 가인은 밀밭 한가운데로 뛰어들었다. 메뚜기 한 마리가 몽둥이에 맞아 배가 터져 죽었다. 다른 메뚜기 한 마리는 머리가 터져 죽었다. 두 마리가 다리가 부러져 땅에 떨어지고 가인의 발에 밟혀 죽었다. 가인은 계속해서 몽둥이를 휘둘렀다. 가인의 발밑에 터지고 부러지고 밟혀 죽은 메뚜기들이 금세 수북이 쌓였다. 가인은 숨을 몰아쉬고 다시 밀밭의 다른 구석으로 뛰어갔다. 몽둥이가 이리저리 날뛸 때마다 메뚜기들은 터져 나갔다. 터진 메뚜기의 진액이 밀 이삭에도 튀고 가인에게도 튀었다. 가인의 몸은 금세 메뚜기 진액으로 덮여 끈적했다.

밀밭의 메뚜기들을 다 몰아낸 것 같아 가인은 큰 숨을 들이쉬었다. 기진맥진하여 주위를 돌아보니 가인 근처에 메뚜기는 없었다. 줄기까지 먹어치워 온전한 이삭이 단 한 개도 남지 않은, 흙먼지만 일어나는 밀밭 한가운데에 가인은 서 있었다. 가인이 저쪽을 보니 다른 메뚜기 떼가 콩밭과 포도원과 무화과나무들로 향했다. 가인은 비틀거리며 메뚜기 떼를 향해 뛰어갔다. 이미 메뚜기 떼의 선두가 잎이고 줄기고 열매고 씹을 수 있는 것들을 모조리 먹어치웠다.

가인은 핏발 선 눈으로 검은 메뚜기를 돌아보았다. 아직도 검은 메뚜기는 집 문 앞에 서 있었다. 가인은 소리를 지르며 검은 메뚜기

메뚜기 왕과 그의 종

에게 달려들었다. 순간 검은 메뚜기의 뒤에서 수백 마리의 메뚜기들이 가인을 덮쳤다. 메뚜기들은 가인을 땅바닥에 내어 꽂았다. 가인은 신음을 하며 일어나려 했다. 메뚜기들은 가인의 팔다리를 누르고 등과 머리에 가득 앉았다. 메뚜기의 무게를 견디지 못하고 가인은 다시 쓰러졌다. 또 다른 메뚜기 떼가 가인을 덮쳤다. 가인의 모습은 보이지 않았다. 흡사 가인의 무덤처럼 메뚜기 더미가 가인을 덮었다. 가인이 숨을 몰아쉴 때마다 메뚜기 더미가 조금씩 들썩들썩 움직였다. 검은 메뚜기는 말했다.

"아담의 아들 가인, 나를 섬기고 나에게 절하겠느냐? 그렇다면 너의 밭과 밀과 콩과 포도와 무화과와 이 모든 것들을 내가 지켜주겠다."

메뚜기 더미의 들썩거림이 조금씩 잦아들어갔다. 메뚜기 더미 속에서 숨을 고르는 소리가 들렸다. 검은 메뚜기는 아무 말이 없었다. 가인도 아무 말도 하지 않았다. 한참 시간이 흐른 후 메뚜기 더미 속에서 아담의 아들 가인이 말했다.

"절하겠다. 메뚜기의 왕. 너에게 절하겠다."

검은 메뚜기는 더듬이를 움직였다. 가인을 덮고 있던 메뚜기들이 한순간에 날아올라 어디론가 사라졌다. 가인은 땅바닥에 붙은 채 찌그러져 있었다. 검은 메뚜기 앞에서 가인은 부들부들 떨며 일어났다. 가인은 땅바닥을 보며 고개를 들지 못했다.

"메뚜기의 왕, 너에게 절하겠으니 한 가지를 보장해라. 내 농사를 건드리지 마라. 매 추수마다 일정한 소출을 보장해라. 너도 네 군사들을 굶기진 않겠지? 매 추수마다 내 식구들의 입에 들어갈 곡식과 과일을 보장해라. 네가 말한 대로 나와 내 식구들이 매 추수마다 근심하지 않도록 해라. 그렇다면 너에게 절하겠다."

검은 메뚜기는 이를 드러내며 웃었다.

"메뚜기의 왕인 내가 보장하겠다."

검은 메뚜기의 말이 끝나자 가인의 양 무릎이 땅바닥에 떨어졌다. 양손을 모으고 검은 메뚜기 앞에 머리를 수그렸다. 가인의 이마가 검은 메뚜기 앞 땅바닥에 닿았다.

"일어나라 나의 종, 가인."

가인은 비틀거리며 일어났다.

"가인, 나에게 충성을 맹세했음을 잊지 마라."

검은 메뚜기는 공중으로 뛰어오르더니 날아 올라갔다. 수많은 메뚜기들도 같이 따라서 올라갔다. 거대한 메뚜기의 바람이 밭 너머로 휘몰아쳤다. 그 기세에 눌려 가인은 비명을 질렀다.

가인은 땀 흘리며 자리에서 일어났다. 집안을 둘러보니 가족들 모두 자고 있었다. 밖을 빼꼼히 내다보니 아직도 한밤중이었다. 가인은 문을 보았다. 문 바깥에는 아무런 인기척도 없었다. 악몽이었다. 가인은 황급히 나가 밭으로 달려갔다. 밀밭에는 아무런 일도 없었다. 여전히 금빛 밀 이삭들이 달빛을 받아 빛났다. 밤바람에 이삭들이 이리저리 춤을 추었다. 콩밭도 포도원도 무화과나무들도 모두 그대로였다. 가인은 한숨을 쉬며 밀밭 가에 주저앉았다. 손과 발이 부르르 떨렸다. 자신 위에 올라탄 메뚜기들의 무게를 아직도 느낄 수 있었다. 검은 메뚜기의 명령이 아직도 귓가에 울렸다. 가인은 밀 이삭 하나를 쓰다듬더니 숨죽여 울기 시작했다.

제사

제사를 드리는 날의 아침이 밝았다. 온 식구들이 천천히 그러나 쉼 없이 움직였다. 가인은 창고로 가서 제물로 드릴 곡식과 열매를 모았다. 아담은 제사 때 태울 나뭇가지들을 모아서 묶었다. 하와는 식구들 아침밥을 짓고 불씨를 도기에 담았다. 아벨은 양 울타리로 갔다. 전날 일찍 자지 못한 탓인지 양들은 해가 떴는데도 계속 자고 있었다. 양들 사이로 어젯밤 아벨이 찾은 양 새끼도 여전히 자고 있었다. 아벨은 양 새끼를 말없이 보았다. '넌 오늘 일어날 일을 알고 그렇게 자는 거냐?' 아벨은 양 새끼에게 말하고 싶었다.

"너 지금 뭐하냐?"

언제 왔는지 가인이 근처 밀밭 한가운데서 말했다.

"넌 이제 양은 신경 안 써도 되니까, 저기 말린 포도랑 무화과 좀 날라라."

아벨은 말없이 창고로 갔다. 창고 앞에 말린 포도열매가 등짝만 한 짚 바구니 한 가득이었다. 짚 바구니를 어깨에 메어보니 열매가 많기도 많고 무겁기도 무거웠다.

'맨날 굶어 죽을까 봐 걱정하더니만 작년에 농사가 잘 되었네. 형은 오늘 하나님께 드릴 것이 정말 많구나.'

아벨은 어깨에 멘 바구니의 무게를 느끼며 생각했다. 말린 무화과 열매가 가득 들은 바구니도 창고 안에서 아벨을 기다렸다. 아벨이 건포도와 무화과 바구니들을 타작마당에 옮겨다 놓고 보니 이미 가인은 자신의 제물들을 정리하고 있었다. 작년에 추수한 밀 이삭을 묶은 밀단, 누런 밀가루 한 자루, 말린 포도열매 한 바구니, 말린 무화과 한 바구니, 그리고 말린 콩 한 바구니…. 가인은 제물들을 보며 흡족한 미소를 지었다. 아벨은 제물들을 말없이 보았다.

"어때 아벨아, 이번 해는 저 정도면 되겠지?"

아벨은 여전히 말이 없었다. 하와가 집에서 큰 토기를 들고 나왔다.

"어여 아침밥 먹자. 얼른 먹고 떠나야지."

네 식구는 마당에 앉아 제물 곁에 둥글게 모여 앉았다. 아벨이 밀과 콩을 끓인 죽을 식구들에게 떠주었다. 가인은 말린 포도와 무화과들을 모아서 가운데에 놓았다. 아담과 가인은 김이 솔솔 나는 죽을 한 숟갈씩 떴다.

"어 새벽에 추워서 혼났는데 뜨끈한 죽 한 숟갈 뜨니 몸이 훈훈

하구나."

"그렇죠, 아버지? 어머니 오늘 죽이 정말 잘 됐는데요."

"먼 길 가야 하니까 오늘 많이들 먹자."

구수한 밀내가 마당 가득히 퍼졌다. 식구들은 포도와 무화과를 입안 가득히 넣고 우물거리며 또 죽을 몇 숟갈씩 입에 넣었다. 아벨은 말없이 국물만 찔끔 마시곤 했다.

매년 제사를 드리는 곳은 유프라테스 강가였다. 하나님이 특정한 곳에만 계시는 것도 아닌데, 바로 집 앞에서, 코앞에서 드려도 되건만, 아담은 항상 유프라테스 강가를 고집했다. 유프라테스 강은 집에서 그리 가까운 곳이 아니었다. 매년 아담과 식구들은 제사 드리는 날에 아침밥을 먹고 한나절씩 걸어서 해 지기 시작할 즈음 도착하곤 했다. 식구들이 아담에게 왜 여기까지 와야 하느냐고 물을 때마다 아담은 그냥 여기서 드리고 싶다고만 말할 뿐이었다.

유프라테스 강을 거슬러 올라가면 에덴이 있다는 이야기를 아버지에게서 수없이 들은 가인과 아벨은, 아버지가 에덴 근처에서 제사를 드리기 원하는 것 같다고 생각했다. 그러면 차라리 천사들이 화염검으로 지키는 에덴 문 가까이 가서 드려도 될 텐데, 아담은 절대 유프라테스 강을 건너지 않았다. 항상 유프라테스 강 가까이에 번제단을 쌓고, 에덴이 있는 쪽으로 추정되는 방향을 보며 제사를 드렸다. 식구들은 왜 강을 건너지 않느냐고 물어보고 싶었지만, 식구들도 더 걷기 싫었고, 강을 건너는 일도 쉽지 않기 때문에 그만두었다. 식구들의 눈에는 아담도 그다지 강을 건너고 싶어 하지 않는 것처럼 보였다. 예전에 가인과 아벨은 아버지가 왜 그러시냐고 하와에게 물었다. 하와는 그저 "아버지가 에덴을 그리워하면서도 에덴 가까이 가고 싶어 하지 않는 것 같구나"라고 대답할 뿐이었다. 그 이후로 가인과 아벨은 아버지에게 많이 묻지 않았다.

"이제 먹었으니 빨리 떠나자. 얼른 도착해야지."

아담은 죽 그릇을 비우며 말했다. 식구들은 그릇들을 치운 다음 마당에 있는 짐들을 짊어졌다. 하와는 불씨 토기를 들었다. 남자들은 짚 바구니들을 짊어지고 나뭇가지들과 밀단을 들었다. 아벨이 챙겨야 할 것이 하나 더 있었다. 아벨은 양 울타리로 다가갔다. 양들은 양치기를 알아보고 아벨에게 가까이 왔다. 그중에 한 양 새끼가 이리저리 양들 사이를 헤치고 아벨에게 오려고 했다. 아벨은 양 울타리 문을 넘어 들어갔다. 양 새끼가 아벨의 발밑에서 아벨을 올려다보았다. 아벨은 양 새끼의 눈을 보았다. 양 새끼는 지금 아무것도 모르는지, 아니면 아벨을 완전히 믿고 있는지 알 수 없었다. 다만 양 새끼의 눈에는 아무런 슬픔이나 두려움도 없었다. 조금이라도 양 새끼가 겁을 먹었더라면 아벨은 도저히 양 새끼를 데려갈 수 없었을 것이다. 아벨은 그제야 양 새끼를 들어 올렸다.

"고마워. 긴 여행이야. 이제 가자."

아벨이 양 새끼와 함께 마당에 오자 식구들은 출발했다. 매년 그랬듯이 제물들은 가볍지 않았고 갈 길은 제법 멀었다. 식구들은 말없이 광야를 걷고 언덕을 오르며 내려갔다. 양 새끼가 한 번에 주파할 만한 거리는 아니기에 아벨은 양 새끼를 들었다가 또 잠시 땅에 놔주곤 했다. 놔줄 때 양 새끼는 늘 하던 것처럼 아벨의 발밑에서 애교를 떨며 걸었다. 하와는 양 새끼를 보며 웃었다. 풀 있는 땅에서 쉴 때 양 새끼는 식구들 곁에서 풀을 뜯었다. 가인은 양 새끼에게 말했다.

"마지막 식사구나. 많이 뜯어라."

아벨은 가인을 가만히 보았다. 가인은 코웃음을 쳤다.

식구들이 다시 출발할 때 아벨과 양 새끼는 맨 뒤에서 거리를 두고 걸어갔다. 특히 아벨은 가인과 떨어져서 갔다. 가인은 아담과 이런저런 이야기를 나누며 갔지만 아벨은 그 이야기에 끼고 싶지 않았다. 양 새끼는 여전히 즐거워 보였다. 항상 아벨 곁을 떠나지 않으면서 아벨의 발에 부비기도 하고 처음 보는 풀을 뜯느라 조금 처지기도 했다. 아벨은 한숨을 쉬며 말했다.

"야, 이 녀석아! 그렇게 이 길이 즐거워? 너 이 길 끝에 뭐가 있는지 알아?"

양 새끼는 알아들었는지 못 알아들었는지 다시 아벨 곁에서 촐랑댔다. 아벨은 말했다.

"너 정말 나를 완전히 믿는구나. 고마워."

아벨은 왠지 새 힘이 났다. 하나님께서 이 아이를 기뻐하며 받으실 것 같았다. 아벨은 양 새끼를 들어 올려 안아주었다. 양 새끼는

제사

아벨의 턱을 핥았다. 아벨은 양 새끼를 쓰다듬다가 멀리 앞서 가는 가인을 보았다. 바구니의 어깻줄이 가인의 어깨와 등을 파고들었다. 가인은 숨을 몰아쉬며 진땀을 흘렸다. 매해 가던 길이건만 오늘 유독 가인은 무겁게 발을 옮겼다. 왜 그런지 아벨은 알 수 없었다. '어젯밤 잠을 못 잤을까? 나를 찾아다니느라 피곤해서 그런가? 아니면 올해 유독 제물이 무겁게 느껴지나?' 노동이라면 이력이 난 가인이 이런 것 때문에 힘들 리가 없다. 즐거워하며 가는 양 새끼와 힘겨워하는 가인. 죽으러 가는 제물과 제사를 드리는 제사장. 양 새끼가 발버둥을 치며 가지 않으려 하는 반면 제사장은 가벼운 발걸음으로 가야 하지 않을까? 그런데 지금 가인의 등짝은 굉장히 작아 보였다. '형도 쉴 수 있으면 참 좋을 텐데….'

아벨은 자신의 왼발을 내려다보았다. 골짜기에서 나온 이후 왼발은 아프지 않았다. 왼발의 형태는 여전히 온전하지 않았다. 찌르는 듯한 통증은 없어졌다. 왼발을 생각할 때마다 같이 생각나던 맹수 생각도 이제 나지 않았다. 아벨은 맹수들이 다시 온다고 생각할 때마다 왼발이 떨리고 숨이 가빠서 어쩔 줄 모르곤 했다. 그러나 이제는 맹수들이 다시 온다 해도 상관없다. 아벨은 이제 쉴 수 있을 것 같았다. 하나님이 지켜주시니까…. '하나님께서는 양 새끼도 지키시고 나도 지키신다. 그 누구도, 식구들도, 메뚜기 왕도, 심지어 나 자신도 나를 지킬 수 없다. 하나님만이 지키신다. 내 왼발이 이렇게 된 까닭을 아직도 모르겠지만, 하나님은 좋으신 분이다.' 아벨은 자신을 따라오는 양 새끼의 기분을 알 것 같았다.

해가 하늘 높이 떴다가 다시 내려오기 시작하여 하늘 중간 즈음에 머무를 때에, 식구들은 멀리서 오는 살짝 비릿한 물내를 맡기 시작했다. 물내가 점점 진해지고 땅의 식물들은 더욱 푸르렀다. 광야의 날리는 모래가 아니라 발에 붙는 흙이 더 많았다. 식구들은 마침내 유프라테스 강가에 도착한 것을 알았다. 좀 더 걷자 작년과 변한 것이 없는 유프라테스 강이 식구들을 맞이했다. 여전히 물도 많고 힘차게 흘렀다. 식구들 모두 물이 흘러내려오는 상류를 보았다. 저 물이 내려오는 방향을 거슬러 올라가면 에덴이 있다. 식구들이 작년에 제사를 지낸 번제단은 에덴과 정반대의 방향에 있었다. 아담은 첫제사를 지낸 번제단을 에덴에서 한참 떨어진 하류 근처에 쌓았다. 해가 갈수록 번제단들은 유프라테스 강가를 거슬러 올라갔다. 아담은 자년보다 조금 더 강 위쪽으로 올라간 장소를 가리켰다.

"오늘은 여기에 번제단을 쌓자꾸나."

가인과 아벨은 제물을 내려놓고 돌들을 찾기 시작했다. 처음에는 기반이 될 큰 돌이 필요했다. 형제는 큰 돌들을 함께 날라서 땅에 깔았다. 그 위에 돌들을 계속해서 쌓았다. 다듬지 않은 돌을 사용하기 때문에 둥글거나 모난 돌이 아니라 두껍고 네모진 돌을 찾아야 했다. 이 돌들을 찾는 시간이 한참 걸리는지, 해가 중간에 걸렸을 때 도착해도 번제단이 완성될 즈음은 해가 지기 시작했다. 그렇게 층층이 돌을 쌓고 나서도 맨 위는 제물을 놓을 수 있도록 매우 평평한 돌로 완성했다. 다듬지 않은 돌 위에 또 다듬지 않은 돌을 쌓아놓았기 때문에, 일견 저 위에 제물을 놓을 수 있을지 식구들은 매년 불안했다. 가인은 매년 번제단을 쌓을 때마다 하던 질문을 오늘 또 했다.

"아버지, 무너지면 어떻게 해요. 저 강가 진흙을 강물과 섞어서 좀 바르면 안 돼요?"

아담은 매년 번제단을 쌓을 때마다 하던 대답을 오늘 또 했다.

"안 된다. 번제단은 사람 손이 닿으면 안 된다."

가인은 예상했다는 듯이 한숨을 쉬었다. 번제단을 쌓고 식구들은 강물로 목을 축이며 쉬었다. 해가 이제 지평선을 향해 떨어지고 있었다. 서쪽 하늘 지평선으로 붉은 불꽃들이 타올랐고, 그 위에 주황 불꽃이 하늘을 향해 불을 뿜었으며, 자줏빛 연기들이 하늘을 가득 메웠다. 강가 근처 바위들의 그림자가 이제 길어졌다. 눈에 보이는 자잘한 것들은 땅거미 속으로 숨어 들어갔다. 아담은 지는 해를 한참 바라보다가 말했다.

"가인부터 제사를 시작하자."

가인은 가져온 나뭇가지들과 짚들 중 절반을 제단 위에 올려놓았다. 우선 토기에서 불씨를 꺼내 짚에 불을 붙였다. 짚에 불이 빠르게 붙었고 짚 속에 가는 나뭇가지들을 집어넣자 천천히 불이 커졌다. 큰 나뭇가지들을 집어넣으며 가인은 불을 더욱 크게 키웠다. 나무 타는 연기가 불길과 함께 공중으로 올라갔다. 불을 안정시키고 가인은 콩과 포도와 무화과가 들은 바구니들을 번제단 밑에 놓았다. 가인은 또 밀단을 가져와 번제단 앞에서 흔들었다. 밀단을 바구니 옆에 놓은 다음 가인은 밀가루가 들어있는 자루를 가져왔다. 불 위에 가인이 밀가루를 살살 붓자 번제단 주위는 밀 타는 구수한 내음으로 금방 가득 찼다. 가인은 이 냄새를 들이마시고는 기분이 좋아졌다. 아담과 하와도 냄새를 맡고는 미소를 지었다. 나무 타는 연기와 밀가루 타는 연기가 합쳐져서 더욱 크게 공중으로 흩어졌다. 가인은 번제단 위쪽 하늘을 보고 기도를 시작했다.

하나님,
올해도 이렇게 저희가 이 강가에 왔습니다.
하나님이 축복해 주셔서 올해 많이 수확했습니다.
하나님이 축복해 주셔서
끼니 처음에는 고소한 콩을 마음껏 먹을 수 있고
끼니 마지막에는 다디단 포도와 무화과를 즐길 수 있습니다.
끼니마다 창고에서 밀알들을 꺼내며 당신을 생각합니다.

하나님,
저희가 죄를 저지른 것을 알고 있습니다.
계절이 바뀌거나, 달이 차고 이지러지거나,
해가 뜨고 지거나 상관없이

저희는 땀을 흘려야 땅의 소산을 취할 수 있습니다.

아벨은 고개를 돌려 아담과 하와를 보았다. 아버지와 어머니는 별 표정이 없었다. 가인은 계속해서 기도를 이어갔다.

하나님, 저희는 정말 땀을 많이 흘렸습니다.
태양이 저희 등짝을 구웠고
새 밭에서는 끝없이 자갈과 바위가 나왔습니다.
땀인지 빗물인지 눈물인지 모를 정도로
많은 물이 얼굴에 흘렀습니다.
아침에 밭으로 나갈 때마다
오늘도 손발에 흙이 끼고 굳은살이 배겨야 하는지
걱정했습니다.
저녁에 집으로 올 때마다
내일도 뼈가 부서지고 마음이 찢겨야 하는지 걱정했습니다.
 하나님, 당신의 은혜로 올해도 많이 거두었습니다.
다음 해에도, 그다음 해에도, 그리고 그다음 해에도
이렇게 많이 거두기를 원합니다!
당신의 창조물 아담과
그에게 주신 아내 하와,
그의 아들 가인과 아벨,

이 가족들을 축복하여 주시옵소서!

우리의 아들들이

아침에 오늘 굶을 것을 걱정하여 밀알을 세고

밤에 내일 굶을 것을 걱정하여 다시 밀알을 세지 않도록

축복하여 주시옵소서!

우리의 아들들을

땅의 넘치는 소산으로 축복하여 주시옵소서!

그 넘치는 소산으로 당신의 에덴을 회복하소서!

모든 사람들과 짐승들이 걱정 없이 살 수 있는

그 에덴을 다시 만들어 주시옵소서!

당신께서 그 넘치는 소산을 내려주실 때

우리 아들들이 찬양의 노래를 드리게 하옵소서!

당신의 영광을 회복하소서!

기이한 일이 일어났다. 가인이 기도를 마치자 연기가 하늘로 오르지 않고 땅으로 내려오기 시작했다. 여태 가인이 본 연기는 불 위에서 공중으로 오르다가 저 위에서 흩어지곤 했다. 아무리 적은 연기라도 불길 위에서는 올라가야 하는데 번제단의 연기는 처음부터 안개처럼 낮게 깔리기 시작했다. 번제단에서 가느다란 뱀 같은 연기 줄기들이 내려와 땅을 기었다. 퍼져나간 연기는 식구들 가까이까지 다가왔다. 가인은 얼굴이 굳었다. 아담과 하와도 놀랐다. 아벨

은 양 새끼를 들고 일어섰다. 가인은 아담을 쳐다보았다. 아담은 입을 벌리고 아무 말도 하지 못했다.

가인은 달려가 나뭇가지들을 불 속에 더 밀어 넣었다. 불길은 더욱더 커졌다. 이미 밀가루는 다 타고 없었다. 짐승이 항문에서 배설물을 토해내듯이 불길은 꾸역꾸역 연기를 내뿜었다. 그 연기가 모두 번제단에서 내려와 식구들을 덮치기 시작했다. 식구들은 연기를 손으로 내치면서 번제단에서 멀리 도망갔다. 가인 혼자 번제단 가까이 연기 속에서 불길을 보며 말했다.

"이게 뭐야! 이게 뭐냐고! 왜 이런 거야? 도대체…."

가인은 가져온 나뭇가지들을 깡그리 불길 속으로 쑤셔 넣었다. 아담이 연기 속에서 말했다.

"얘야! 그만해라! 무슨 짓이야! 연기가 계속 내려오는데 왜 이래!"

집에서 날라온 나무가 다 떨어지자 가인은 강가의 나뭇가지를 꺾어서 불 속에 처넣었다. 불길은 이제 번제단 가득히 타고 있었다. 연기도 번제단에서 폭포처럼 쏟아져 내려왔다. 단 한 줄기의 연기도 공중으로 올라가지 않았다. 식구들은 이제 눈물이 나고 목이 컬컬했다. 아벨은 양 새끼를 들고 하와의 팔을 끌어서 더 멀리 피했다. 가인은 근처의 나뭇가지들을 계속 끌어왔다. 아담은 가인의 팔을 잡고 말했다.

"그만해! 그만하라고! 숨을 쉴 수가 없어!"

"아버지! 나무 조금만 더 넣어 봐요! 불이 약해서 그래요!"

가인은 아담을 뿌리치고 더 많은 나뭇가지들을 번제단으로 끌고 왔다. 막 나뭇가지들을 들어 올려 번제단에 올려놓으려는 순간, 차가운 물이 가인을 덮쳤다. 시커먼 연기 대신 하얀 증기가 번제단에서 올라왔다. 아담이 밀가루를 담아왔던 가죽 자루에 강물을 가득 담아 번제단에 부었다. 물벼락을 맞은 가인이 잠시 멍하니 있다가 아담을 잡고 말했다.

"아버지! 안 돼요!"

아담은 가인을 땅바닥에 내동댕이치고는 다시 자루에 강물을 담아 불길 위에 부었다. 물을 부을 때마다 불길은 절반으로 또 절반으로 꺼졌다. 아담이 두세 번 더 붓자 이제 불씨마저 변변히 남지 않았다. 증기와 연기가 쉬이 상마담에 흩어졌다. 번제단 위에 미처 타지 못한 나뭇가지들이 어지럽게 처박혀 있었다. 잿물이 번제단 돌들 사이로 줄줄 흘러 번제단 밑 콩과 포도와 무화과들 위로 쏟아졌다. 가인은 주저앉았다. 아담이 강가 너머를 보며 잠긴 목소리로 말했다.

"하나님, 우리가 이번에는 무엇을 잘못했습니까? 도대체 무슨 죄를 지었습니까? 이번에는 어디로 쫓겨나야 합니까?"

하와는 눈물을 흘렸다. 가인은 주저앉아 멍하니 울음 섞인 목소리로 말했다.

"…도대체 왜요? 왜요? 뭐가 부족했습니까?"

불

아벨은 이를 보며 무엇이 부족했다고 생각하지 않았다. 오히려 무언가 너무 많았다. 하나님이 받으시기에 무언가 너무 많았다. 사람의 간절한 바람으로 준비한 제물들이 너무 많았다. 사람이 이 악물고 보낸 시간들이 너무 많았다. 사람의 마음으로 빚은 걱정과 분노와 안타까움이 넘쳐났다. 그 걱정으로 제사장은 올해를 감사하는 제사에 올해 나온 제물을 드리지 않았다. 사람의 머리로 세운 계획들이 너무 크고 웅장했다.

불 위에 올려놓은 제물은 밀가루만이 아니었다. 그 모든 제물과 시간과 감정들과 계획들이 다 같이 불길 위에 있었고, 그 모든 것들의 크기와 무게로 연기는 올라갈 수 없었다. 사람이 사람에게 드리는 제사였기에, 연기는 하늘로 올라가지 않고 땅 위의 사람으로 향했다. 아벨은 재와 물과 나무로 엉망이 된 번제단을 보았다.

'하나님은 어떤 제사를 받으시지? 작년에 나는 어떻게 했지? 지금 나는 어떻게 제사를 드려야 하지?'

아벨은 들고 있는 양 새끼를 쳐다보았다. 골짜기가 생각났다. 메뚜기 왕이 생각났다. 메뚜기들을 살랐던 불이 생각났다.

해는 이제 완전히 지평선으로 들어가려고 했다. 강가 위 하늘에 서서히 별들이 나타났다. 이제 번제단 위에서는 증기도 연기도 아무것도 나오지 않았다. 어둠이 강가를 서서히 덮자 번제단은 금세 얼음장처럼 식었다. 아담과 가인은 혼이 나가서 앉아있었다. 하와는 계속 울었다. 아벨은 한 손에 양 새끼와 나머지 손에 돌칼을 들고 번제단 가까이로 나아갔다. 아벨은 양 새끼를 들어 눈을 쳐다보았다. 양 새끼는 아벨의 코를 핥았다. 아벨은 안심하며 말했다.

"솔직히 너를 제물로 바치는 것 때문에 너무 마음이 안 좋았는데, 지금 보니 오늘 네가 가장 영광스러운 자리에 있구나. 하나님께서 너를 받으실 거야."

아벨이 번제단에 가까이 가자 아담이 정신을 차리고 일어서며 말했다.

"아벨아, 오늘 제사는 그만두자. 얼른 짐 싸서 새벽이 되기 전에 가자. 번제단은 엉망이고 태울 나무도 없다."

아벨은 양 새끼를 보며 말했다.

"아버지, 불은 하나님이 내려주실 거예요."

"뭐?"

가인이 힘없이 일어나 비틀거리며 걸어왔다.

"무슨 소릴 하는 거야. 다 끝났어. 그만해. 너까지 할 필요 없어. 우린 버림받았어. 왜 그런지도 모르겠어."

아벨은 말했다.

"제사를 드릴 거야. 아버지, 형 데리고 저쪽에 좀 가주세요."

아담은 잠시 말없이 아벨을 보다가 가인을 끌고 두어 걸음 뒤로 물러섰다.

아벨은 차가운 잿물과 타다만 나뭇가지들을 번제단에서 치우고 양 새끼를 눕혔다. 차가운 번제단 때문에 양 새끼는 움찔거렸다. 아벨은 미안한 마음이 들었다. 양 새끼를 손으로 잡고 아벨은 돌칼로 목 부분의 털을 조금 깎았다. 아벨은 손가락으로 목 살갗을 만지면서 심박이 느껴지는 큰 핏줄을 찾았다. 돌칼에 털이 깎이면서도, 아벨이 손가락으로 목을 누르는데도 양 새끼는 미동도 하지 않았다. 그저 아벨만 쳐다볼 뿐이었다. 이제 제물이 이 땅에서 마지막으로 숨 쉬는 순간이 왔다. 아벨은 다시 양 새끼의 눈을 쳐다보았다. 양 새끼도 아벨의 눈을 쳐다보았다.

"고맙다."

아벨은 양 새끼 목의 핏줄에 돌칼을 대고 단번에 그었다. 핏줄기 하나가 솟구쳤다. 다시 한번 아벨은 돌칼로 양 새끼의 목을 베었다. 더 굵은 핏줄기가 솟구쳤다. 양의 심장이 뛸 때마다 핏줄기는 계속해서 올라오고 내려왔다. 아벨은 양 새끼를 들어 올려 번제단에 피를 뿌렸다. 시커먼 잿물이 흘렀던 번제단 위에 검붉은 양 새끼의 피가 겹쳐 흘렀다. 번제단에 피가 흐르지 않은 곳이 없을 즈음 양 새끼의 심장이 드디어 멈췄다. 더 이상 피가 나오지 않고 양 새끼의 눈에 힘이 없었다.

아벨은 다시 번제단 위에 양 새끼를 올려놓고 돌칼로 배를 갈랐다. 양 새끼의 내장과 지방을 꺼내고 털을 벗겼다. 내장도 제하고 털도 깎은 양 새끼의 고기가 나오자 아벨은 강물을 길어다가 고기와 내장과 지방을 깨끗이 씻었다. 번제단 위에 양 새끼의 씻은 고기를 놓고 옆에 내장과 지방을 따로 두었다. 마지막으로 아벨은 돌칼로 양 새끼의 고기를 잘라 조각냈다.

이 모든 것들을 아담과 하와는 말없이 보고 있었다. 가인도 그제야 정신을 차리고 보았다.

아벨은 번제단 위의 양 새끼를 보며 기도를 시작했다.

하나님,

올해도 제사 드리러 왔습니다.

올해는 이것밖에 드릴 것이 없습니다.

올해 하나님이 주신 양입니다. 이 양은 당신 것입니다.

감사합니다.

하나님,

저희가 죄를 지었어요. 죄를 지어서 너무 힘들게 살아요.

매일매일 일하느라 팔다리가 쑤시고 등짝이 아파요.

쉴 수가 없어요.

죄가 없으면 쉴 수 있겠죠.

이 제물을 받으시고 우리 죄를 용서해 주세요.

우리 어머니의 후손이 뱀을 밟아 이길 때가 오겠지요.

그러면 우리는 죄가 없고 쉴 수 있겠죠?

하나님, 그날이 빨리 왔으면 좋겠어요.

다른 것은 필요 없습니다. 뱀을 밟아 이겨주세요.

아벨은 눈물을 흘렸다.

하나님,

매일매일 힘들게 살아도

불을 내려주시면 살 수 있어요.

불을 원합니다.

제 왼발도 고치고 메뚜기도 사르고

우리 양도 찾아주셨던 그 불을 내려주세요.

하나님, 정말 그 불이 필요해요.
그 불이 없으면 이 땅에서 살 수 없어요.
어떻게 살아도 좋습니다.
그 불이 필요해요. 그 불이 있으면 쉴 수 있어요.

순간 아벨은 바람같이 불어온 기운에 휩싸였다. 기운은 아벨의 머리부터 발끝까지 돌고 마음을 관통했다. 아벨은 왠지 모를 새 힘이 다시 났다. 아담과 하와도 이 기운을 느끼고 일어섰다. 처음 느낀 기운이 아니지만 정말 오랜만에 대하는 바람이었다. 심지어 가인도 눈을 크게 떴다. 아벨은 무릎 꿇고 두 손을 하늘을 향해 들고 말했다.

하니님!
어머니의 후손이, 우리의 후손들이
당신께서 불을 내리실 때
뱀의 후손들을 밟아 이길 겁니다!
메뚜기들을 불태워 버릴 겁니다!
잃어버린 양들을 골짜기에서 찾아올 겁니다!

불을 내려주세요! 불을 원합니다!

하나님의 원수들을 모두 무찌르시고

불타는 새 에덴을 내려주세요!

새 에덴을 하늘에서 내려주세요!

그때 하늘에서 불기둥이 내려와 번제단에 내리꽂혔다.

불기둥이 내리꽂힌 순간 아벨은 한 걸음 튕겨나갔다. 양 새끼는 순식간에 재가 되어 사라져 버렸다. 잿물과 피와 어지러이 뒹굴던 나뭇가지들도 눈앞에서 모조리 타버렸다. 하늘 불길은 번제단 밑까지 금세 번지더니 번제단 전체를 태우기 시작했다. 제단 밑에 놓여있던 콩과 포도와 무화과 바구니들도 타고 있었다. 물이 부글부글 끓듯이 연기가 불길 위에서 하늘로 올라갔다. 이제 이 땅에서 드린 것이 다 타버려서 연기가 한 줄기도 나오지 않는데도 불길은 사그라들지 않았다. 번제단과 불길이 하나가 되어 강가와 밤하늘을 환하게 밝혔다.

아벨은 튕겨 나간 자리에서 일어섰다. 아담은 불이 너무 뜨거워서 아벨을 끌어내리고 했지만 다가갈 수 없었다. 아벨은 여전히 바람 같은 기운에 둘러싸여 있었다. 식구들은 아벨이 왜 불 가까이에서도 괜찮은지 깨달았다. 바람 같은 기운이 곧 번제단의 불이고, 번제단의 불이 곧 바람 같은 기운이었다.

아벨은 몸과 마음에도 불이 붙었는지 천천히 춤을 추기 시작했다. 왼발을 디디며 춤을 추었다. 메뚜기들을 물리쳤을 때의 기쁨이, 양 새끼를 찾았을 때의 기쁨이 다시 찾아왔다. 아벨은 번제단 가까이 열기 속에서 춤을 추었다. 눈물이 얼굴을 따라 흐르고 웃음이 입가를 떠나지 않았다. 아벨의 웃음소리가 유프라테스 강가의 밤공기를 뚫고 온 땅에 퍼져나갔다. 아벨은 입을 열어 노래했다.

양치기와 양이
골짜기를 지나
강가에 이르러
불길이 되나니
원수를 사르고
하늘의 집에서
영원히 다리라.

불길의 열기 때문에 아담과 하와가 서 있던 땅까지 따뜻해졌다. 하와는 아벨을 보며 울다가 무릎을 꿇고 말했다.

"하나님, 우리를 떠나지 않으셔서 감사해요. 너무 보고 싶었어요. 제 후손이 와서 뱀을 밟아 이길 때까지 기다리겠어요. 그 말씀을 잊었습니다. 용서해 주세요. 그때까지 잊지 않고 기다리고 싶어요. 저도 불이 필요해요. 우리 식구들 모두 불이 필요해요. 하나님, 감사합니다."

아담도 주저앉아 불을 보다가 다시 울며 말했다.

"하나님, 에덴에서 저희를 쫓아내시고 하늘에만 계신 게 아니었군요. 다 보고 계셨군요. 우릴 버리신 게 아니었군요."

아담은 다시 무릎 꿇고 번제단의 불을 보며 말했다.

"하나님, 다시 에덴에 있고 싶습니다. 정말 다시 에덴에 있고 싶습니다. 뱀을 이길 날까지 기다리겠습니다. 새 에덴을 내려주세요. 죄가 없는 새 에덴을 내려주세요."

짐승

가인의 얼굴이 말라비틀어진 나무토막처럼 굳었다.

'내가 잘못했구나. 내가 잘못해서 하나님이 제사를 받지 않으셨구나. 그런데 뭘 잘못했지? 도대체 뭘 잘못했지? 뼈 빠지게 일해서 그 열매를 드렸는데 도대체 내가 뭘 잘못한 거지? 하나님은 우리가 잘 먹고 잘 살길 원하시지 않는가? 우리가 죽을 듯이 고생한 시간을 모르시는가? 죽도록 일한 것이 뭐가 잘못이지? 해마다 배고플까 봐 열심히 일한 게 뭐가 잘못이지? 해마다 매일 얼마나 먹어야 할지 세기 싫어서 창고에 쟁여놓은 게 그렇게 잘못인가? 아니면 우리가 더 고생하기를 원하시는가? 아버지 어머니가 죄를 지어서 그런가? 이 땅에서 죽도록 일하다가 흙으로 돌아가라고? 그러라고 에덴에서 쫓아내셨나? 하나님은 왜 우리 아버지, 어머니, 나까지 이렇게 미워하시지? 하나님은 저기 에덴에서 혼자 뭘 하시는 거지?

새 에덴을 내려달라고? 좋지, 새 에덴. 그런데 언제? 언제까지 기다려야 해? 뱀을 밟겠다는 후손이 언제 나올 거지? 그때까지 배를 곯아야 하나? 짐승들이 배를 곯다가 푹 쓰러지는 것처럼 그렇게 살 순 없다고. 아벨, 너도 같이 그 시간들을 보냈는데 왜 깨닫지 못한 거냐. 양 치러 가서 노닥거린 거냐. 머리가 안 돌아가는 거냐. 양 떼를 놔두고 한 마리 찾으러 가는 게 말이 되냐? 불이 있으면 모든 문제가 다 해결되는 거냐?

하나님은 아버지를 흙으로 만들었고 우리는 다른 동물들처럼 어머니 뱃속에서 나왔다. 사람은 천사가 아니다. 먹어야 산다고. 열심히 땀 흘리며 일하면 우리도 매끼 매일 매월 매년 배부르고 우리 아들들도 배부르고 그의 아들들도 배부를 수 있다. 그렇게 한 게 뭐가 잘못이지? 하나님은 도대체 우리에게 뭘 원하시는 거지? 눈에 보이는 희망이 없어서 그걸 만들었는데, 그것이 죄인가?

하나님이 우릴 굶긴다면 그 하나님은 대체 무슨 소용이 있지?'

가인은 생각이 여기까지 오자 갑자기 몰려오는 피로를 느꼈다. 이 제사를 위해 몇 달을 일했는데 일이 이렇게 되니 온 몸에 힘이 빠졌다. 가인은 대신 뱃속 깊이 한 겹 자리 잡은 분노를 느꼈다.

'하나님을 이해하지 못하겠다. 하나님은 내 질문들에 대답을 해주셔야 한다. 그러나 하나님은 저 녀석에게 응답하셨다. 시답잖은 불이나 내려왔는데 저 녀석은 지금 제정신인지 아닌지 모르겠다. 아버지 어머니도 왜 저렇게 우시는지 모르겠다. 왜, 왜…?'

불 때문에 온 몸이 따듯해지자 가인은 쓰러져버렸다.

가인은 집 침대에서 눈을 떴다. 밖을 빼꼼히 내다보니 아직도 한밤중이었다.

'아버지나 아벨이 제사 드린 곳에서 집까지 나를 업고 왔나? 설마? 굉장히 힘들었을 텐데…. 웬만하면 나를 깨워서 걸어가게 했을 텐데. 아버지나 아벨이 완전히 곯아떨어졌겠군.'

그런데 아무리 한밤중이고 식구들이 자고 있다고 하지만 집안에서는 아무런 소리도 들리지 않았다. 코 고는 소리도 숨 쉬는 소리도 들리지 않았다. 가인은 일어나 발걸음을 죽이며 아버지 침대가 있는 방으로 가보았다. 아버지와 어머니는 계시지 않았다. 아벨의 방에도 가보았다. 아벨도 없었다. '다들 이 밤중에 어디로 갔지?' 가인이 밖에 나가보려고 뒤돌아시려는데 등 뒤에서 누가 말했다.

"가인아."

가인은 돌아보았다. 흰 옷을 입은 이가 서 있었다. 흰 옷을 입은 이는 달빛보다 더 환하게 빛났다. 가인은 눈이 부셔서 손으로 얼굴을 가렸다. 이 밤중에 달보다 더 빛나는 것은 이 땅에 없었다. 가인은 흰 옷 입은 이가 이 땅의 존재가 아님을 깨달았다.

"가인아, 왜 이리 분노하고 얼굴이 변했느냐?"

가인은 다시 얼굴이 굳었다. 불이 내려온 이후 느꼈던 감정들이 다시 가인의 가슴속에 가득 찼다. 흰 옷을 입은 이가 다시 말했다.

"네가 선을 행하면 어찌 얼굴을 들 수 없을까? 선을 행하지 않으면 죄가 문 앞에 엎드려져 있다. 죄를 원하는 이는 너지만 죄를 다스려야 하는 이도 바로 너다."

'죄가 문 앞에 엎드려져 있다고?' 가인은 문을 보았다. 분명히 문 바깥에서 인기척이 났다. 인기척이 있는 정도가 아니라 누가 가인을 부르고 있었다. 가인은 지금 누가 자신을 부르고 있는지 금세 알아차렸다. 부름은 이제 정신없이 쟁쟁거리며 가인의 마음을 뒤흔들었다. '설마. 설마 지금? 설마 지금 여기 왜?' 가인은 내장이 쪼그라들었다. 가인은 뒤를 돌아보았다. 흰 옷을 입은 이가 말없이 고개를 끄덕였다. 가인은 더 커진 부름에 끌려 나갔다.

문 앞에 검은 메뚜기 한 마리가 서 있었다.

"나의 종, 가인!"

가인은 입술을 깨물었다.

"여긴 왜 다시 왔나? 그때 절했으면 됐지 뭘 더 원해!"

"나의 종, 가인은 아직 말하는 투가 종이 주인 대하듯 하지 않는구나. 그 죄는 나중에 묻겠다. 오늘 귀한 분이 나와 함께 오셨다."

"뭐?"

가인은 그제야 검은 메뚜기의 뒤, 어둠 속에 숨은 무언가를 발견하고는 목덜미 뒤의 털이 쭈뼛 섰다. 그 무언가가 한 발 앞으로 어둠에서 나와 모습을 드러냈다. 그것은 큰 짐승이었다. 가인 집의 반

만큼 크고 육중한 짐승이었다. 머리에는 새끼 양의 것처럼 뿔이 두 개 났다. 짐승이 발걸음을 뗄 때마다 어깨와 등의 큰 근육들이 이리저리 움직였다. 다리는 숲속의 나무들처럼 굵었고, 그 다리에 붙어 있는 앞발은 그 다리만큼 굵은 나무들을 단번에 쓰러뜨릴 수 있을 정도였다. 땅에서 올라왔는지 온 몸의 털에 흙이 묻어있었다. 가인은 야생에서 이렇게 큰 짐승을 본 적이 없었다. 게다가 가인은 야생에서 이렇게 흉포한 기운을 지닌 짐승을 본 기억이 없었다. 아무리 사나운 짐승이라도 배고픔을 채우기 위한 살기 그 이상을 지니지 않는다. 그런데 이 짐승의 기운은 배고픔을 채우기 위한 살기가 아니라, 살기 그 자체였다. 가인은 한 발 뒤로 물러났다. 검은 메뚜기가 말했다.

"이분은 내가 섬기는 분이다. 네가 나를 섬기고 내가 이분을 섬기니, 니도 이분을 섬겨야 한다. 가인, 어서 나와 질해라."

가인이 머뭇거리자 짐승은 검은 메뚜기 앞으로 한 발 더 나와 말했다.

"가인. 너의 이름은 메뚜기왕이 내게 말하기 전부터 알고 있었다. 너의 이름은 이미 온 땅이 다 알고 있다. 나는 땅에서 올라왔다. 내가 너의 이름을 모를 리 없으니, 나의 군사들도 너의 이름을 모를 리 없다."

가인은 세상에서 이런 짐승을 본 적도 없었지만 이런 목소리 또한 들어본 적이 없었다. 짐승의 목소리는 달콤하면서도 쓰라리고,

부드러우면서도 거칠었다. 그 뜻을 전부 알 듯 하면서도 무언가 더 숨겨진 것이 있는 듯했다. 짐승이 말할 때마다 가인은 안개 속에 있는 느낌이 들었다. 안개 속을 거닐면서 둥둥 떠다니는 듯했지만 도무지 자신이 어디로 가는지 알 수 없었다.

"가인, 내가 너의 꿈을 이루어주겠다. 거부당한 너의 꿈을 내가 만들어주겠다."

가인은 인상을 썼다.

"내 꿈이 거부당했다고?"

"가인, 너의 꿈은 훌륭하다. 너는 나무를 베어 창고를 짓고 너의 아들들은 그 안의 열매들을 먹으리라. 너의 아들들은 흙과 돌로 벽을 세워 태양과 달과 바람과 짐승들의 해를 받지 않으리라. 너의 아들의 아들들은 산에서 캔 돌을 녹여 칼을 만들리라. 그 칼로 그 누구의 해도 받지 않으리라. 너의 아들의 아들의 아들들은 나무를 베어 물에도 뜰 수 있는 큰 집을 만들리라. 그 큰 집에 각종 곡식과 열매들을 실어 나르리라. 그 집이 다른 곳에 도착하면 너의 다른 아들들이 환호하며 곡식과 열매를 창고에 들이고 다른 진귀한 것들을 너의 아들들에게 주리라. 네가 보지 못한 돌로 만든 거대한 집에서 네 아들들은 평안히 잠들고 즐거이 일어나리라. 아침상에 햇밀로 만든 빵이 항상 올라오며, 저녁상에 풍부히 익은 포도주를 들이켜리라. 아침마다 노래를 부르며 일어나고 밤마다 노래를 부르며 잠자리에 들리라. 바로 너, 가인에 대한 노래를 부르리라. 가인, 네가 꾼 꿈으로 하늘의 별과 같이 많은 사람들이 땅의 저주에서 풀려 자유롭게 되리라. 사람의 아들, 그 이름은 가인, 네가 마땅히 받아야 하리라."

가인은 숨이 막혔다.

'정말 그렇게 될까? 정말 내 계획이 이루어질까?'

"가인, 내가 이루어주겠다. 나에게 절을 하여라."

짐승은 한 발자국 더 앞으로 나와 검은 메뚜기 뒤에 섰다. 가인은 짐승의 눈을 보며 말했다.

"네가 그럴 능력이 있다는 것을 어떻게 알지? 그걸 어떻게 장담하지?"

짐승은 웃었다. 가인은 짐승이 웃을 때 드러난 이빨들을 보았다. 이빨들은 크고 날카로웠다. 가까이 가지 않아도 가인은 짐승의 입에서 피 냄새를 맡을 수 있었다. 짐승은 앞발을 들더니 검은 메뚜기를 밟았다. 가인은 놀라서 뒤로 자빠졌다. 짐승은 앞발에 힘을 주어 검은 메뚜기를 짓이겼다. 메뚜기 껍질이 부서지는 소리가 앞발 밑에서 났다. 짐승은 말했다.

"가인, 너는 메뚜기왕의 힘을 보았지. 이제 나의 힘을 보았느냐? 아니면 더 보기를 원하느냐?"

가인은 짐승의 앞발을 뚫어져라 보았다.

'이 정도 힘이라면, 이 정도 되는 존재라면….'

가인은 땅에 엎드려 짐승에게 절했다. 짐승은 다시 웃으며 말했다.

"과연 사람의 아들이라 칭함을 받기에 마땅한 가인이로다. 이 땅에서 살 줄 아는 현명함이 넘치는도다. 나의 종이라는 징표를 너에게 주겠다. 고개를 들어라."

가인은 엎드린 채 고개를 들었다. 짐승은 앞발을 들었다. 짓뭉개진 검은 메뚜기가 여전히 발바닥에 붙어 있었다. 그 앞발로 짐승은 가인의 이마를 훑었다. 가인의 이마가 메뚜기 피와 내장으로 누렇게 범벅이 되었다. 메뚜기 내장 노린내가 가인의 코로 금세 들어왔다. 가인은 올라오는 구역질을 간신히 참았다. 짐승은 웃으며 뒤로 물러섰다.

"나중에 너를 다시 보겠다."

짐승이 어둠 속으로 사라졌다.

가인은 눈을 떴다. 꿈이었다. 얼마나 잤는지도 모르겠다. 별들은 여전히 반짝이고 해는 아직 뜰 기미도 없었다. 그냥 땅에 쓰러져 잤으면 새벽의 찬 기운에 떨었겠지만, 여전히 번제단의 불은 계속 타올라서 주위가 따뜻했다. 제물도 없는데 불은 계속 탔다. 아벨은 번제단 앞에서 계속 춤을 췄다. 어머니는 손을 들고 계속 기도를 했다. 아버지는 무릎 꿇고 계속 울었다. 가인은 식구들을 보다가 번제단에 등을 돌리고 다시 땅에 누웠다. 등은 따뜻한데 배는 추웠다. 등으로 오는 열기가 싫어서 가인은 잔뜩 웅크렸다. 번제단 반대쪽의 땅은 여전히 밤이라서 어두웠다. 가인은 가만히 누워서 그 어둠 속을 바라보았다. 손을 뻗으면 어둠 속에서 그 짐승이 나올 것 같았다. 가인은 움찔거리며 손을 겨드랑이 사이에 끼고 더 웅크렸다. 눈물을 흘리는지 아닌지 알 수 없었으나 가인의 등짝이 밤새 들썩거렸다.

아침이 밝아오는데도 번제단의 불은 꺼질 줄 몰랐다. 제사가 끝나면 무거운 제물이 없기에 늘 홀가분하게 집에 가지만, 오늘 식구들은 더욱 가벼운 마음으로 집에 갈 준비를 했다. 아벨은 맨 앞에서 혼잣말을 하는지 기도를 하는지 계속 웃으면서 중얼거리며 걸었다. 아담과 하와도 아벨을 보면서 발걸음이 무겁지 않았다. 가인은 짊어지고 가는 제물이 없는데도 올 때와 똑같이 발을 질질 끌며 걸었다. 중간에 가끔 아담과 하와는 하나님, 농사 그리고 제사에 대해서 이야기를 하곤 했다. 가인은 강가에서부터 집에 도착할 때까지 아무 말도 하지 않았다.

낮이 지나고 해가 조금씩 떨어질 즈음 식구들은 집에 도착하였다. 말린 과일로 가볍게 끼니를 때운 다음 식구들은 피곤한지 잠자리에 쓰러졌다. 밤이 되고 코 고는 소리가 집안 가득할 때도 가인은 뜬눈으로 문 밖을 바라보았다. 가인은 혹시나 누가 부를까 봐 잠들 수 없었다. 내일 일굴 새 밭을 생각하자 비로소 가인은 문을 등지고 누워 잠을 청했다.

가인, 아벨과 아담과 하와

제사 다음날의 해가 밝았다. 식구들은 여느 때와 마찬가지로 해가 뜰 즈음 아침밥을 먹고 밭으로 나갔다. 가인과 아담은 밀을 베었다. 아벨은 베어놓은 밀 이삭들을 묶어서 밀단을 만들었다. 며칠 동안 계속되었던 밀 추수의 끝이 보이기 시작했다. 이제 밀밭에 서 있는 밀 이삭보다 베어내고 남은 밑동이 훨씬 더 많았다. 밀단을 쌓은 산은 이제 제법 컸다. 점심 때가 되자 세 남자는 부엌으로 돌아왔다. 하와는 점심밥을 내왔다. 화덕에서 막 구운 전병은 따끈따끈했고 금방 삶은 콩은 뜨끈뜨끈했다. 아담과 가인은 땀을 닦으며 전병을 뜯고 콩을 씹었다. 아벨은 먹지 않고 대신 손을 하와에게 내밀었다. 하와는 가죽 자루를 아벨의 손에 쥐어줬다. 가죽 자루에서 구수한 전병 냄새가 났다. 자루 속을 만져보니 말린 과일들과 삶은 콩도 가득했다. 가인은 전병을 베어 물고 말했다.

"넌 안 먹어?"

"어 형, 난 양 치러 가서 먹으려고…."

가인은 고개를 갸웃거렸다.

"양은 내가 관리한다고 했잖아. 오늘까지만 양들 울타리에서 놀라고 해. 점심 먹고 새 밭 일구러 가야 돼. 저쪽 숲까지 땅이 꽤 남았어."

아벨은 가죽 자루를 움켜쥐었다.

"형, 난 이제부터 새 밭 안 만들 거야. 지금 있는 밭만으로도 충분히 먹고 살 수 있어. 아침에 추수했으니까 오후에는 양 치러 나가볼 거야."

가인은 씹기를 멈추고 아벨을 보았다.

"이건 뭐냐? 새 밭 일궈야 하는 이유를 내가 오늘 처음 말하냐?"

"많이 들었지. 그래서 곰곰이 생각해봤어. 난 반대야. 그렇게 죽어라 새 밭 일구지 않아도 하나님이 계시면 우리는 충분히 먹고살 수 있어."

가인은 기가 차다는 듯이 웃었다.

"너 나만큼 저 밭에 나가봤어? 나만큼 땀 흘려봤어? 밀 한 알, 콩 한 알 입에 들어가는 게 그렇게 쉬워 보여? 양 치면서 노닥거리니까 이제 배가 불러?"

"쉽지 않다는 거 알지. 그렇게 해서 충분히 일궈냈잖아. 매일 불안에 떨면서 아침에 나가고 피곤에 절어서 밤에 돌아오는 거, 이제

가인, 아벨과 아담과 하와

싫다는 얘기야. 형 한 번 물어보자. 얼마나 많이 새 밭을 더 일궈야 하는데?"

"충분할 때까지…."

"그 충분하다는 게 얼마 만큼인데? 다음 달까지 버틸 수 있을 정도로? 다음 해까지 버틸 수 있을 정도로? 흙으로 돌아가는 날까지 버틸 정도로?"

"… 많으면 많을수록 좋은 거 아니겠어?"

"얼마큼이나 쟁여놔야 불안하지 않겠어?"

가인은 잠깐 말이 없다가 아담을 돌아봤다.

"아버지, 말씀 좀 해주세요. 이 녀석이 며칠 전부터 계속 말귀를 못 알아먹네요."

아담은 우물거리던 것을 반쯤 삼키고 말했다.

"아벨아, 빨리 양 치러 나가거라. 저번처럼 늦게 올라."

가인은 아담을 보았다.

"아버지…"

아담은 나머지 우물거리던 것을 다 삼키고 말했다.

"가인아, 이제 나도 새 밭을 더 일구고 싶지 않구나."

아담은 가인의 어깨에 손을 올렸다.

"네가 그동안 열심히 해온 거 안다. 가족을 생각해서 해 뜨면 밭에 나가고 해 지면 집에 와서 쓰러진 거 다 알아. 정말 고맙다. 그렇지만 이젠 아벨 말이 맞다. 하나님께서 그동안 먹을 거 충분히 주셨다. 이젠 쉬자. 난 다시 하나님을 만나고 싶구나."

가인은 팔을 움직여서 어깨에 올려진 아담의 손을 치웠다.

"아버지, 아버지도 다 아시잖아요. 우리 가족만 생각하면 안 된다는 거. 지금만 생각하면 안 된다는 거. 우리 아들들도, 또 그 아들들도 그렇고. 이게 지금 당장만 생각한 게 아니라는 거 아시잖아요."

아담은 손가락을 들어 바깥의 밀단들을 가리켰다.

"올해 추수한 밀 중에 어제 번제단에 올라간 밀은 단 한 알도 없었지? 포도도 무화과도 어제 번제단에 올라간 것들은 다 창고에서 꺼내왔지? 네 나름대로 계획이 있어서 올해 추수한 것들을 네 계획에 쓰고 싶어 했잖아? 어제 하나님께서 그 계획을 받으시지 않았다."

가인은 아무 말이 없다가 내뱉었다.

"…우리가 하면 되잖아요."

조용히 먹던 하와가 말했다.

"하나님이 받으시지 않는데, 우리가 하면 넌 기쁘겠니? 너야말로 당장 어젯밤 제사 때 얼굴이 달라져서 오드만…."

"어머니, 어제 제사 얘기는 이제 그만합시다. 새 밭 만들어서 굶지 않고 잘 살자는 얘기가 왜 제사하고 엮이는지 모르겠네요."

"새 밭을 만들어서 굶지 않고 잘 사는데, 그걸 하나님이 안 받으신다면 어떨 것 같니? 당장 어제 제사 때 느껴보지 않았어?"

말없이 이것저것 챙기던 아벨이 말했다.

가인, 아벨과 아담과 하와

"아버지, 어머니! 저 양 몰러 나가볼게요. 그제 양 치던 곳에 있을 게요. 아직도 거기가 풀이 많아서요."

"그래 조심해서 다녀와라."

아벨은 문 밖으로 나갔다. 가인은 문 밖으로 나간 아벨을 노려보았다. 등 뒤에서 다시 하와가 말했다.

"아버지도 그렇고 나도 그렇고, 어제 느낀 것이 많았다. 백 년 이백 년이 지나도록 일하느라 어깨와 허리가 아플 때마다 '하나님이 우리를 버렸구나' 싶어서 많이 울었다. 우리가 잘못한 것이니 어쩔 수 없지. 그런데 어젯밤 하나님께서 새 에덴을 준비하신 것을 확신했다. 우리는 믿고 기다리기만 하면 돼. 가인아, 너도 이제 그만 고생해라. 수고 많이 했어. 점심 먹고 아버지랑 밀이나 까부르자. 네가 수고해서 거둔 밀들 내일부터 먹게 창고에 들여놔야지."

가인은 하와에게 아무 대답도 하지 않았다. 아벨이 이제 보이지 않을 법한데 가인은 계속 아벨이 나간 문을 노려보았다. 갑자기 가인은 삶은 콩 한 움큼을 집어 입안에 쑤셔 넣고는 문 밖으로 뛰쳐나갔다. 아담과 하와는 놀라서 아무 말도 하지 못했다.

가인은 일구기 시작한 새 밭으로 뛰어갔다. 손대지 않은 땅은 턱없이 넓고 그걸 밭으로 만들 일은 끝도 없었다. 가인은 쟁기를 끌어맨 땅을 파헤치기 시작했다. 밭 끝에서부터 끝까지 한 줄을 일구니 쟁기 끝에서 각종 돌들이 튀어나왔다. 가인의 등은 벌써 땀으로 번들거렸다. 가인은 돌괭이로 자갈들을 한쪽으로 치운 다음 다시 쟁기를 끌었다. 붉고 누런 땅 표면을 갈아엎자 거무죽죽한 흙이 쏟아져 나왔다. 가인은 땅에 앉아 그 검은흙을 만져보았다. 흙은 부드럽고 기름졌다.

'그래 이거야. 이 흙에 심기만 하면 곡식이며 콩이며 과일이며 원하는 무엇이든 나올 텐데. 이 흙을 놀리자는 말인가. 바로 눈앞에 이렇게 많은 땅이 있는데. 조금만 더 고생하면 될 텐데…. 다들 왜 안 하겠다고 하는 거야? 이게 죄야? 잘 살아보겠다고 하는데 왜 하나님은 받으시지 않지?'

가인은 또 쟁기를 끌었다. 이번에는 조금 못 가서 쟁기가 멈췄다. 이쯤 되면 아버지나 아벨이 번갈아 쟁기를 끌어주곤 했다. 가인은 숨을 몰아쉬고 땀을 닦으며 하늘을 보았다. 벌써 해가 중천에 올라갈 준비를 했다. '이 정도 속도 가지고는 안 된다.' 가인은 다시 쟁기를 어깨에 얹고 끌었다. 쟁기는 힘차게 땅을 갈아엎었다. 가인은 이를 악물고 오늘까지 갈기로 계획한 면적을 파냈다. 이제 자갈들을 주워내야 했다. 많이 갈아엎었으니 골라내야 할 돌들도 많았다. 가인은 정신없이 눈에 보이는 대로 돌을 골라 밖으로 던졌다. 원래 누가 쟁기를 끌고 있으면 다른 이가 뒤따라가며 돌을 골라내야 했다. 가인은 어지러운지 비틀거렸다. 밭에서 살아온 시간이 그렇지 않은 시간보다 많은 가인이지만 셋이 할 일을 혼자 할 수는 없었다. 가인은 다리에 힘이 풀려 주저앉았다.

가인은 흙 한 줌을 집더니 땅에 내던졌다. 그리고 식구들을 생각

가인, 아벨과 아담과 하와
149

했다. 가인은 일군 흙을 발로 찼다. 그는 특히 아벨을 생각했다. 다시 흙 한 줌을 가득 집어 땅에 내던졌다.

'이게 다 그 녀석 때문이야. 이해할 수 없는 놈. 그 녀석은 땅을 먹고사는 자만이 겪는 두려움을 모른다. 이 땅에서는 그냥 나오는 게 단 한 개도 없다고. 하나님이 언제 밀알 하나, 포도알 한 개, 무화과 한 개라도 하늘에서 뚝 떨어지게 하셨나? 토하고 싶을 정도로 일을 해야 나오는 거라고….'

가인은 아벨이 가져간 가죽 자루가 생각났다.

'그 안에 먹을 것을 가득 담아갔지. 그놈이 그걸 먹을 자격이 있는가? 난 이렇게 죽을 것 같은데…. 누가 이 땅에 땀을 더 많이 흘렸는가? 누가 이 밭에 피를 더 많이 흘렸지? 누가 장차 올 일까지 생각하며 고심하고 일했지?'

가인은 일어나 돌칼을 챙겨 들고 양 떼가 있는 곳으로 걸어갔다.

아벨은 제사 전날 머무르던 산 밑에 양 떼를 다시 풀었다. 그곳에는 아직도 양 떼가 먹을 풀이 많이 남았다. 맹수들도 올 것 같지 않았다. 그때 맹수 울음소리를 들었지만 그들은 결코 오지 않았다. 행여 온다 해도 아벨은 더 이상 무섭지 않았다. 아벨은 하늘을 보며 말했다.

"불을 내리시는 하나님, 오늘도 저와 양 떼에게 먹을 것을 주시니 감사합니다."

여느 때와 같이 양들은 풀을 뜯고 아벨은 바위에 걸터앉았다. 허기를 느껴서 가죽 자루를 열려는데, 아벨은 뒤에서 누가 부르는 것을 느꼈다. 실제로 누가 소리로 부르는 것이 아니라 느낌으로 부르고 있었다. 게다가 처음 느끼는 부름이 아니었다. 아벨은 뒷산을 보았다. 산 너머 골짜기가 생각났다. 이 부름은 검은 메뚜기의 것이었다. 아벨은 누가 자기를 부르는지 뒤돌아보았다. 어느새 가인이 아벨의 눈앞에 서 있었다. 아벨은 놀랐다.

"어, 형! 언제 왔어? 뭐 그렇게 인기척도 없이 여기까지 와?"

가인은 돌칼로 아벨을 가리켰다.

"배부르냐?"

"응? 뭐라고?"

가인은 돌칼을 들고 한 발자국 앞으로 다가왔다. 아벨은 가만히 앉아있었다. 기인은 한 발자국 더 아벨 가까이 다가왔다. 그래도 아벨은 미동도 없이 바위에 앉아서 가인을 보고 있었다. 가인은 인상을 썼다. 가인은 돌칼로 아벨의 가죽 자루를 가리켰다.

"그 안에 든 게 뭐냐?"

"먹을 거지."

"그 먹을 거, 누가 농사지었냐?"

"아버지랑 형이랑 나랑 지었지. 다 같이 한 거 아냐?"

"과연 그럴까? 오늘 어머니가 넣어준 것들은 다 작년에 일군 새 밭에서 나온 것들일 텐데…. 그 새 밭 일구자고 한 건 누구냐? 우리 식구들 중에 누가 가장 땀을 많이 흘린 것 같냐?"

"그래서? 하고 싶은 말이 뭐야?"

"네가 그걸 먹을 자격이 있냐?"

"먹을 자격이 없으면 못 먹는 거야?"

"당연하지. 똑같이 일했으면 똑같이 먹을 수 있지."

"점심도? 저녁도?"

"왜 자꾸 당연한 소리를 해? 집에 있는 밀알 하나, 콩알 하나, 모두 네가 땀 흘렸냐? 먹고 싶으면 밭에 나와라."

아벨은 가죽 자루를 보았다. 가인이 오기 전까지 아벨은 분명히 허기를 느꼈다. 다른 식구들은 아침을 먹었지만 아벨은 먹지 않고 챙겨 왔다. 다른 식구들이 배를 불릴 동안 양 떼와 함께 걸었으니 시간이 더 지났고 더 배고플 수 있다. 아벨은 다시 가죽 자루를 보았다. 허기가 느껴지지 않았다. 안 먹어도 될 것 같았다. 마음의 요동이 없었다. 아벨은 가죽 자루를 던졌다. 가죽 자루가 가인의 발밑에 툭 떨어졌다.

"자, 가져가."

"뭐?"

가인은 머뭇거렸다.

"가져가라니까…."

아벨은 뒤로 돌더니 산을 보고 흥얼거렸다. 가인은 멍하니 아벨을 보더니 가죽 자루를 주워 어깨에 메었다. 그리고 침을 한 번 퉤 뱉고는 다시 새 밭으로 뛰어갔다. 점심시간이 곧 다가오려고 했다. 아직도 해가 지려면 멀었다. 가인은 다시 쟁기를 지고 앞으로 걸어 갔다. 몇 번이나 넘어져도 가인은 다시 일어나 쟁기를 끌었다. 기름 같은 땀이 가인의 온몸에서 흘러내렸다. 시간이 지나자 가인의 두 다리는 후들거렸다. 그는 밭가에 놓은 가죽 자루를 열었다. 손에 있는 데로 가득 쥐어 입에 넣고 짓씹었다. 다 삼키지도 않았는데 근처 시냇가로 뛰어갔다. 시내에 얼굴을 처박고 물을 마셨다. 아예 머리를 처박고 머리를 감았다. 그래도 시원하지 않았다. 그는 아예 시내로 뛰어들었다. 몇 번 씻고 나니 그제야 몸과 마음의 후텁지근함이 가라앉았다.

피곤이 좀 가시자 가인은 온몸에서 물을 질질 흘리며 다시 돌아와 남은 밭을 파헤쳤다. 그날 끝내기로 한 번석에 나나드사 그는 파헤친 흙으로 뛰어들어 돌을 찾기 시작했다. 일일이 손으로 할 수 없자 아예 손으로 퍼서 치웠다. 그의 젖은 몸이 점점 흙범벅, 먼지범벅이 되어갔다. 이제 가인과 흙을 구분할 수 없었다. 멀리서 누가 보았더라면 커다란 흙색 괴물이 밭을 파헤치는 줄로 알았을 것이다. 마침내 해가 지평선에 닿았다. 흙색 밭은 검은 어두움 속으로 사라지기 시작했다. 흙색 가인도 밭과 함께 어두워졌다.

해가 완전히 져서 식구들은 불을 켜고 저녁밥을 먹고 있었다. 아담과 하와는 웃고 떠들었다. 아벨도 옆에서 미소로 거들었다. 집 가운데 지펴놓은 불 때문에 집안이 환했다. 아담은 양젖을 하와의 그릇에 따라주었다. 하와도 아담의 그릇에 양젖을 부어주었다. 아담과 하와는 이야기하면서도 음식을 뜨거나 씹었지만 아벨은 양젖만 조금 마실 뿐 아버지와 어머니 이야기를 듣고 있었다.

"오늘 내가 마당에서 밀알들을 까불었잖니. 밀알들을 공중에 던지면 쭉정이가 날아가잖아. 근데 잠시 다른 생각을 하는 사이에 바람의 방향이 바뀐 거야. 아 글쎄, 밀알을 훅 던졌는데 쭉정이들이 온통 내 얼굴에 날아와서 다 붙어버렸어! 그걸 또 네 엄마는 뗄 생각은 하지 않고 웃어제끼더니 콩 밟고 넘어지고…"

아담은 양젖을 들이키며 연신 웃다가 문 쪽을 보았다. 가인이 문 바깥에서 쑤욱 들어왔다. 식구들은 순간 아무 말이 없었다. 가인은 온몸에 흙을 뒤집어쓰고 있었다. 보통 때라면 흙먼지 정도였지만 그날은 흙 자체였다. 머리도 흙에 떡이 되어 있었다. 물에 젖은 두더지가 굴을 파다가 나온 꼴이었다. 가인은 지펴놓은 불과 널린 음식을 보았다. 하와는 가인이 한구석에 던져놓은 가죽 자루를 보았다. 가인이 말했다.

"저녁 드세요?"

"어 그래, 너도 어서 와라."

"많이 어두워졌는데, 아무도 밭으로 저 찾으러 오는 사람이 없네요."

"하루 종일 새 밭에 있었지? 어디에서 뭘 하는지 다 아는데 뭐 하러 찾아가. 알아서 오겠거니 생각했지. 다 큰 녀석이…."

아담의 말에 가인은 대꾸가 없었다. 하와가 말했다.

"너 몸이 엉망이다. 어서 시내에 가서 씻고 와서 밥 먹어."

하와의 말에도 가인은 대꾸가 없었다. 가인이 말했다.

"아버지 어머니, 오늘 오후에 쉬셔서 그런지 되게 기분이 좋아 보이시네요."

"응, 훨씬 덜 피곤하고 기분도 좋고 마음이 든든하네."

"그러면 내일 다들 새 밭 일구는 거 조금만 도와주세요. 혼자서는 도저히 안 돼요. 전처럼 해 떨어질 때까지 안 할 테니까, 다들 좀 나와 주세요. 딱 점심 먹고 시작해서 해가 중간 즈음 떨어졌을 때 끝나면 될 것 같아요."

아담이 가인을 돌아보며 말했다.

"가인아, 많이 일하고 적게 일하고의 문제가 아니야. 넌 아침에 일어나서도 밭 얘기, 점심 먹으면서도 밭 얘기, 잠들면서도 밭 얘기만 하지. 하루 종일 밭 한가운데서 모든 시간을 다 보내면서도 또 밭에서 마음이 떠나질 않지. 지금 너의 모든 것이 새 밭에 가 있다고…. 우린 그러라고 만들어진 게 아니야. 하나님이 그렇게 살라고 하시지 않았다고…. 가인, 너야말로 새 밭 그만 만들어도 된다."

"아버지, 하루 사이에 많이 변하셨네요. 그저께까지 저랑 밭에서 열심히 일하시더니…."

"변한 게 아니라 돌아온 거지. 난 에덴에서 농사 지어본 적 없다. 정원을 돌보기만 했다고. 식물들은 다 하나님이 알아서 키우셨어.

지금도 똑같다는 걸 어제 제사 때 알았다. 물론 계속해서 땅에서 땀 많이 흘려야지. 그러면 하나님께서 다 알아서 주신다. 우리는 하나님과 그냥 같이 가면 되는 거야."

"몇 년 전에 먹을 게 부족해서 안달복달한 거, 또 얘기해야 돼요? 그러면 어떻게 해요?"

"그러면 부족한 대로 먹고 나머지는 안 먹으면 되지. 먹을 게 정 없으면 흙으로 돌아가겠지."

가인은 할 말을 잃었다. 하와가 아벨에게 말했다.

"너 정말 저녁 안 먹을 거야?"

"아 네, 배가 많이 고프지 않네요. 안 먹어도 될 것 같아요."

가인은 나가서 시냇가에 몸을 씻었다. 시냇물은 내장이 얼어붙을 정도로 차가웠다. 가인은 온몸과 머리의 흙을 다 씻어 내렸다. 몸은 개운했지만 머릿속은 맑지 않았다. 가인은 수면에 비친 달을 물끄러미 보았다. 가인은 손으로 달을 내리쳤다. 아무리 내리쳐도 달은 없어지지 않았다. 가인은 달을 노려보더니 시내에서 나와 집으로 들어갔다.

그다음 날 아침, 식구들은 아침을 먹으러 모였다. 늘 그랬듯이 해 뜰 때 나가서 일하고 온 가인도 집에 들어왔다. 아벨이 아침 밥상에 보이지 않았다. 가인이 말했다.

"아벨 어디 있어요?"

"오늘 아침에 해 뜨고 나서 바로 양 치러 가고 싶다고 그랬어. 아침밥 먹고 가라고 해도 굳이 일찍 가야 한다고 그러더라. 어제 양 치던 그 산이 너무 좋다고…. 그래서 자루에 아침 겸 점심을 가득 넣어줬지."

하와가 죽을 휘휘 저으며 말했다.

"아 그래요?"

가인은 아침을 대강 먹는 척하더니 밭에 나간다고 하고 문을 나섰다. 아벨이 이렇게 일찍 양을 치러 나간 적은 없었다. '무슨 생각을 하고 있는 거지? 두 끼를 굶더니 내가 자루 가지러 올 때까지 얼른 퍼먹고 있는 게 아닐까? 그건 너무 속이 뻔히 보이는 속셈인데….'

가인은 새 밭에 가지 않고 어제 아벨이 양을 치던 산 밑으로 발걸음을 옮겼다. 산 근치에 오자 기인은 걸음소리를 죽여 가며 조심히 다가갔다. 양 떼는 여전히 산 밑에서 풀을 뜯고 있었다. 멀리서 보니 아벨은 산 밑에서 열심히 움직였다. 이리저리 팔을 휘두르며 뛰고 있었다. 그것은 양을 치는 행위가 아니었다. 양들을 위한 행위도 아니었다. 아벨은 춤을 추고 있었다. 가인은 어처구니가 없었다.

'두 끼를 굶었다고 머리가 어떻게 되지는 않는데….'

가인은 아벨이 앉았던 바위 가까이로 갔다. 바위 위에는 아벨이 가져온 가죽 자루가 놓여 있었다. 가인이 들어보니 제법 묵직했다. 아침 일찍 가져왔지만 아벨은 음식에 손도 대지 않았다.

'준 걸 먹지도 않고 도대체 뭘 하는 거지?'

가인은 아벨에게 다가갔다. 순간 가인은 바람 같은 기운을 느꼈다. 산에서 내려오는 산바람도 아니고 들판에 다니는 들바람도 아니었다. 그것은 그저께 제사 때 번제단에서 느낀, 아벨에게 내려온 기운이었다. 가인이 가만히 보니 아벨은 제사 때 번제단에서 춘 춤을 추고 있었다. 번제단도 없고 불도 없는데, 바람 같은 기운이 산 밑을 가득 메우면서 아벨은 춤을 췄다. 가인이 아벨이 중얼거리는 것을 들었다.

이 모든 것들을 만드신 하나님
당신은 마땅히 영광을 받으셔야 합니다.
이 산과 들판을 통하여 영광 받으소서.
이 양들을 통하여 영광 받으소서.
이 인생을 통하여 영광 받으소서.
모든 것들을 먹이시고 입히시는 위대하신 하나님,
당신을 노래합니다.

가인은 말을 잃었다. '이 녀석이 이제 하는 일이라고는 양 치러 나와서 춤을 추며 헛소리하는 것인가? 이런 거 하려고 새 밭도 집어치우고 아침 새벽부터 나간다는 말인가? 그 전에는 양들을 지켜보면서 독초라도 뜯는지 살펴보고 맹수들이 오는지 열심히 지켜보기라도 했지. 이건 도대체 뭐냐? 이 바람 같은 기운은 뭐지? 하나님이 이 녀석의 춤을 받으시기라도 한다는 말인가? 이젠 제사를 드리지 않아도, 제물이 없어도 하나님이 받으신다는 말인가? 그건 더 어이가 없다. 하나님은 도대체 뭐에 관심이 있으신 거지? 우리가 먹고 사는 거에 관심이 없으신가? 하나님은 뭘 원하시는 거지?'

가인은 입술을 깨물고 바람 같은 기운에서 나와 바위로 가서 아벨의 가죽 자루를 집어 들었다. '넌 여전히 이걸 먹을 자격이 없다.' 가인은 가죽 자루를 들고 새 밭으로 성큼성큼 내려갔다.

사흘이 지났다. 모든 것이 언제나 똑같았다. 해가 뜨기 시작하면 가인은 새 밭에 나갔다. 날이 완전히 밝으면 식구들은 아침을 먹으러 모였다. 그 자리에 아벨은 없었다. 아벨은 계속해서 아침에 양들과 함께 신에 가고 싶어 했다. 하와는 아침과 점심이 든 가죽 사루를 아벨에게 주었다. 가인은 아침을 먹고 아벨에게 갔다. 아벨은 여전히 산 밑에서 춤을 추었다. 이제 가인은 아벨에게 굳이 말하지 않고 가죽 자루를 가져왔다. 저녁때 식구들이 모이면 아벨은 배가 그다지 고프지 않거나 몸이 안 좋다고 해서 저녁을 걸렀다.

사흘이 지나고 다음날, 가인은 아침을 먹고 또 아벨에게 갔다. 아벨은 어제처럼 바람 같은 기운 속에서 춤을 추며 노래하고 웃었다. 가인은 바위 위의 가죽 자루를 들었다. 그저께와 어제와 마찬가지로 가죽 자루는 무거웠다. 가인은 아벨이 음식에 손도 대지 않은 것을 알았다. 몰래 몇 개 빼먹고 먹지 않은 척할 아벨이 아니었다. 가인이 아벨을 자세히 보니 얼굴 살이 좀 빠졌다. 굶어서 힘이 없는지 춤도 조금 힘이 빠져 보였다. 그러나 바람 같은 기운은 점점 강해졌다. 아벨은 마치 몰아치는 폭풍 한가운데에 있는 듯했다. 가인은 아벨을 한참 동안 바라보았다. 그제야 아벨은 인기척을 알고 뒤로 돌아 가인을 보았다.

"형, 왔어?"

아벨은 웃었다. 가인은, 춤을 추는데 웃기까지 하는 아벨이 너무 낯설었다.

"배 안 고프냐?"

"배고프지. 그런데 괜찮아."

"괜찮다고?"

가인은 가죽 자루를 열어 콩과 무화과를 꺼냈다.

"이거 좀 먹고 힘내라."

"지금은 괜찮은데. 그럼 이따 저녁때 먹을게."

가인은 한숨을 쉬었다.

"아벨아, 이거 먹고 힘 좀 내서 제발 나 좀 도와줘라."

"새 밭 만드는 거 도와달라고? 형, 아버지가 말씀하셨잖아. 이제 새 밭 일굴 필요 없다고. 하나님이…."

"새 밭이 왜 필요 없어!"

가인은 소리를 질렀다. 근처에 있던 양들이 움찔거렸다. 아벨은 움찔거리지 않았다.

"아벨아, 넌 이러고 사는 게 안 지겹냐? 넌 수십 년 양 쳤고, 난 수십 년 농사지었다. 넌 해 뜨면 나가서 양 떼 몰고 먹이 찾아 여기저기 헤매는 게 좋냐? 맹수들 두들겨 패다가 물리는 게 좋냐? 낮에 아무 일 없으면 집에 와서 밥 먹고 또 쓰러져 자는 게 좋냐? 그거 매일 하고 싶어? 난 지겨워. 난 해 뜨면 나가서 밭일하는 게 너무 싫다. 너도 쟁기 메어봤지? 어깨 빠질 것 같고 다리가 후들거리지? 우리가 그 고생한다고 하나님이 어디 하루쯤 해를 감춰주기라도 했냐? 한 번이라도 천사들이 와서 밭을 일궈준 적이 있냐? 흙 뒤집어엎고 씨 뿌리고 자라면 추수는 식물들이 혼자 해? 밭 만드는 거부터 우리 먹기까지 손이 안 가는 게 없잖아? 언제까지 이렇게 살아야 돼? 너 언제 흙으로 돌아가는 줄 알아? 난 언제 흙으로 돌아갈까? 아무도 몰라. 앞으로 수십 년 더 해야 될 수 있고 수백 년 더 해야 될 수도 있어. 난 그렇게 살기 싫다. 흙으로 돌아가는 날까지 이렇게 살기 싫다고…. 난 이렇게 사는 거 이젠 집어치우고 싶다. 새 밭들만 충분히 만들면 돼. 이 년 치 소산만 있으면 된다고. 다음 추수 때까지 일 년 치 먹고 나머지 일 년 치는 쟁여놓으면 되는 거야. 거기까지만 가면 이제 일 덜할 수 있다고…. 사람들이 많아져서 밭을 더 많이 만들면 정말 일할 사람만 일하고 다른 사람들은 쉬어도 돼. 모든 세상의 땅을 다 밭으로 만들자는 얘기가 아니야. 딱 거기까지만 가자고…. 너랑 나랑 같이 아버지 어머니에게 다시 얘기해서 네 명

가인, 아벨과 아담과 하와

식구 다시 달려들면 충분히 할 수 있는 거라고….”

"형, 나도 매일 일하는 게 싫을 때가 있었지. 맹수 울음소리만 들어도 치를 떨던 때가 있었어. 근데 이젠 아니야. 이제 어떻게 살아도 상관없어. 하나님의 불만 있으면 돼. 먹고사는 건 하나님이…"

"하나님이? 도대체 하나님이 뭘 얼마나 대단히 많이 주셨어?"

가인은 또 소리를 질렀다.

"그래! 그래! 그래! 하나님이 우리 먹는 것을 주시지! 하나님이 만든 해와 땅이 없으면 먹는 거 안 나오지! 하나님이 만든 안개 걷어가시면 농사지을 수 없지! 하나님이 만든 식물들 우리가 먹는 거지! 그래서? 그래서? 언제 하나님이 차고 넘칠 정도로 주신 적 있었냐? 항상 찔끔찔끔 주셨잖아? 딱 굶어 죽지 않을 만큼! 먹을 게 떨어져서 '하나님, 제발 도와주세요' 싹싹 빌면 그제야 가죽 자루에서 먹을 거 한 알씩 꼼지락대며 꺼내는 것처럼 나오잖아! 왜 많이 주시면 안 돼? 우리가 뭘 잘못해서? 언제 많이 주실 건데? 아벨아, 형 좀 도와줘. 더 이상 이따위로 살 순 없어."

"형 그래도 아버지가 말했잖아."

"너 지금 아버지 얘기했냐? 너 우리 어릴 때 아버지가 고생한 거 기억나지? 아버지 아침에 밭에 나가면서 인상 쓰고, 점심 먹을 때도 한숨 쉬고, 저녁 먹을 때는 꾸벅꾸벅 졸다 쓰러지고. 아버지는 에덴에서 쫓겨난 이후로 기쁜 날이 단 하루도 없었을 거야. 어머니 이야기도 맨날 들었잖아. 농사 잘 안 되면 우리 손 붙잡고 숲으로 들판으로 나가서 열매 따왔다고. 매일매일 고되고 힘들고 슬프고 괴로우셨을 거야. 아벨아, 우리 조금만 더 일하면 아버지 어머니도 더 이상 슬프지 않으실 거야. 너 아버지, 어머니 웃으시는 거 본 적 있냐?"

"있지. 제사 갔다 온 이후에 계속 웃으시잖아."

가인은 아무 말이 없었다.

"아버지 이제 쉬면서 웃으시잖아. 어머니도 같이 웃으시잖아."

"그거 지금뿐이야. 내년 이맘때 또 먹을 거 간당간당하면 그때 보라고. 또 어쩔 줄 몰라 하시면서 땅이 꺼져라 한숨 쉬시고 그럴 거라고…."

"이젠 그렇게 살고 싶지 않구나. 가인아."

아벨의 대답이 아니었다. 아담과 하와가 산 밑까지 걸어오고 있었다. 가인은 가죽 자루를 떨어뜨렸다.

"어, 아버지 어머니 여기는 웬일이에요?"

"매일 새 밭에 가 있는 녀석이 오늘 가보니까 없더구나. 혹시나 아벨이 너 어디 있는지 알까 싶어서 왔지."

아담이 말했다.

"그 가죽 자루는 왜 네 옆에 있니?"

하와가 말했다. 가인은 말을 하지 못했다.

"내가 분명히 아침과 점심 먹으라고 매일 아벨에게 그 자루를 줬는데, 왜 매일 저녁때 네가 빈 자루를 가져오니?"

가인은 계속 말을 하지 못했다.

"사흘 동안 계속 그랬니? 왜?"

하와는 가인을 붙잡고 다그쳐 물었다. 가인은 하와를 뿌리치며 아벨을 가리켰다.

"어머니, 이 녀석은 밥 안 먹어도 배가 고프지 않대요. 하나님의 불꽃만 있으면 된대요. 그럼 뭐 하러 이렇게 먹을 걸 많이 줘요?"

가인은 아담을 붙잡고 말했다.

"아버지, 제 얘기 좀 들어보세요."

아담도 가인을 붙잡고 말했다.

"가인아, 산 근처부터 네 목소리가 들리더라. 네 얘기 다 들었다. 그래 너 그동안 고생 많이 했다. 얼마나 많이 몸 아프고 마음 아팠니. 너를 그렇게 일하게 해서 정말 미안하다. 너희들 앞에서 울고 걱정하고 싸우고 원망하는 모습 보여줘서 정말 미안하다. 이젠 그럴 필요 없어. 이제 그렇게 많이 일 안 해도 된다. 새 밭 더 일구지 마라."

"새 밭 일구지 말라니요! 그게 무슨 소리예요!"

가인은 아담마저 뿌리치고 말했다.

"아버지까지 왜 이러세요! 새 밭 없이 앞으로 어떻게 살아요? 다 들으셨다면서요. 아버지, 에덴에서 쫓겨난 지 얼마 됐어요? 이제 고작 몇백 년 됐잖아요! 그 몇백 년이 그렇게 즐거우셨어요? 하나님이 그 몇백 년 동안 뭐 얼마나 그렇게 많이 주셨어요? 애초부터 하나님이 돌보실 거라면 왜 아버지를 에덴에서 쫓아냈어요? 왜 우리를 이 땅에 처박아두는 거예요? 아버지, 난 이제 더 이상 못 기다려요. 아버지 우리 힘으로 할 수 있어요. 뭐 거창한 게 아니잖아요. 좀 걱정 없이 살자는 거잖아요. 아버지, 그동안 별로 웃으신 적 없잖아요. 좀만 더 고생하면 웃으시며 살 수 있잖아요."

"아니야 가인아. 이제 아버지도 웃으며 살 수 있어."

하와는 가인의 어깨에 손을 올리고 말했다.

"가인아, 분명히 엄마의 후손이 뱀을 밟아 이길 거라고 말씀하셨다. 하나님이 우리를 에덴에서 쫓아내셨어도 우리는 그걸 기다려야 해. 그걸 생각하면서 웃을 수 있어."

"그래 형, 하나님이 기다리면서 싸우라고 우리에게 불을 내려주시는 거야. 형도 이 불을 느끼면 생각이 달라질 거야."

아벨이 말을 마치지마자 기인은 갑자기 일이시시 아벨을 밀쳤다.

"그래! 네놈이 양 새끼 한 마리 때문에 일을 이 지경으로 만들었어! 양 떼나 잘 불릴 것이지, 새끼 양 한 마리 찾으러 갔다가 헛소리나 하고!"

가인은 아벨에게 덤벼들었다. 아벨은 힘없이 땅바닥에 나동그라졌다.

"불? 불이 밥 먹여 주냐? 너나 불 많이 받아라! 이 쓸모없는 자식! 사람으로 태어나서 짐승보다 쓸모없는 놈! 네가 치는 양보다 못한 놈! 양들은 젖 나오고 죽으면 가죽이나 나오지! 네 놈은 살아도 쓸

모가 없으니 죽으면 뭐가 나오는지 좀 보자!"

아담이 가인을 끌어냈다.

"너 이게 무슨 짓이야! 무슨 짓이냐고!"

가인이 계속 덤비려 하자 아담은 가인을 붙잡아 저쪽으로 내동댕이쳤다. 가인은 땅바닥에 몇 번을 구르고 겨우 일어났다.

"가인, 너는 앞으로 당분간 농사에서 손 떼라. 네가 이 지경인 줄은 몰랐다. 넌 하나님이 받으셔야 할 것들을 드리지 않았다. 하나님은 네 열매를 받으시지 않았고 나도 네가 이렇게 짓는 농사에서 나오는 열매는 먹고 싶지 않다. 가인, 넌 앞으로 내가 시키는 일만 해라."

가인은 아담 앞으로 기어가서 무릎을 꿇었다. 울음 섞인 목소리로 말했다.

"아버지, 죄송해요. 잘못했어요. 근데 좀 도와주세요. 제 일 좀 도와주세요. 아버지 없인 할 수 없어요. 식구들 없인 안 돼요. 이거 하고 싶어요. 이거 해야 돼요. 아버지 없인 안 돼요."

아담은 가인을 내려다보더니 다시 하늘을 보며 말했다.

"가인, 내가 에덴에서 쫓겨날 때를 많이 얘기해줬지. 너 하나님이 얼마나 좋으신지 아니? 하나님 근처에만 있어도 얼마나 좋은지 아니? 그런데 더 이상 그럴 수 없었어. 쫓겨났어. 더 이상 하나님이 바로 옆에 계시지 않았어. 언제 다시 하나님을 만날 수 있을지 알 수 없었어.

가인아, 이 땅에서 힘들게 살기 때문에 힘든 게 아니야. 하나님이 없는 이 땅에서 사는 게 정말 힘든 거야. 난 이제 더 이상 죄를 짓고 싶지 않다. 난 이제 하나님 곁에 있고 싶다."

가인은 아담의 말을 듣고 비틀거리며 일어났다. 가인은 가죽 자루를 들더니 식구들을 보고 말했다.
"이건 제 땀과 피로 만든 거예요. 제 겁니다."
가인은 가죽 자루를 들고 새 밭으로 내려갔다. 식구들은 가인의 뒷모습만 보고 있었다.

붉은 도마뱀

그날 밤 가인은 쉽게 잠들지 못했다. 밤새 뒤척이는 소리가 방에 가득했다. 그렇게 잠들지 못하고 있는데 문 바깥에서 인기척이 났다. 누가 가인을 부르고 있었다. 사람의 것이 아닌 부름이었다. 전에 들은 적이 있는 부름이었다. 가인은 순간 누가 부르는지 깨닫고 목덜미 뒤가 서늘했다. 누가 부르는지 깨닫자 가인은 문 밖에 나가지 않을 수가 없었다.

검은 메뚜기가 집 바깥에 서 있었다.

"나의 종, 가인!"

가인은 황급히 뒤로 한 발자국 물러섰다.

"저번에 짐승이 밟아 죽였는데? 어떻게 살았지?"

"가인 너는 정말 종의 혀를 가지려면 한참 멀었구나. 네 혀를 뽑아서 종의 도리를 친히 가르쳐야겠다."

검은 메뚜기가 한 발자국 앞으로 오자 가인은 움찔거리며 더 뒤로 물러섰다. 검은 메뚜기 뒤의 어둠이 말했다.

"그만해라. 종의 도리는 시간이 지나면 알게 될 것이다."

어둠 속에서 짐승이 나타났다. 가인은 얼어붙었다. 짐승이 말했다.

"나의 종, 가인! 오늘 네가 해야 할 일이 있다."

"그… 그게, 무엇입니까?"

"아주 귀한 분을 모시고 왔다. 바로 내가 섬기는 주인이다. 너는 나의 종이고, 나는 이분의 종이니, 너는 이분의 종이기도 하지. 귀한 분을 뵙도록 하여라."

짐승 뒤의 어둠 속에서 가인이 처음 보는 짐승이 나타났다. 큰 도마뱀이었다. 야생 도마뱀보다 훨씬 크다는 말도 무색했다. 짐승보다 훨씬 컸으니 이 땅의 도마뱀이 아니었다. 사실 도마뱀하고는 많이 달라 보였지만 가인은 도마뱀밖에는 딱히 설명할 동물이 생각나지 않았다. 눈동자는 뱀의 것처럼 세로로 찢어지고, 두 뿔이 머리 위에 나 있었다. 긴 목, 긴 꼬리, 그리고 네 다리가 큰 고기와 같은 몸통에 붙어있었다. 그러니 도마뱀이라고밖에 설명할 수가 없었다. 도마뱀과 매우 다른 점이 있다면, 눈동자를 들여다보면 다리가 떨리고, 긴 꼬리는 한 번 휘두르면 웬만한 나무도 쓰러질 것 같았으며, 네 다리는 통나무같이 굵고 강했다. 게다가 피 색깔로 전신이 붉은 도마뱀이었다. 아버지는 모든 동물들을 가인에게 가르쳐주었지만 그 동물에 대하여 말한 적은 없었다. 가인은 주저앉지 않으려고 노력했다. 붉은 도마뱀은 웃었다. 입 안에 크고 날카로운 이빨들이 피에 젖어 있었다.

"네가 가인이냐?"

의외로 도마뱀의 목소리는 부드러웠다. 그래도 가인은 눈을 내리깔고 대답하지 않았다.

"너의 이름을 온 땅이 다 알고, 메뚜기왕도 짐승도 알고 있고, 나도 알게 되었다. 무슨 일로 이리 잠들지 못하느냐?"

가인은 계속 대답하지 않았다.

"농사가 잘되지 않고 있느냐?"

가인은 그제야 도마뱀과 눈을 마주쳤다.

"농사가 잘되지 않는구나. 너의 위대한 계획을 온 땅이 다 알고 있다. 온 땅이 그 위대한 계획이 실행되기만을 기다리고 있다. 우리도 기다리고 있다. 그런데 잘 안 된다면 무슨 이유로 그러지?"

"…식구들이 도와주지 않고 있습니다."

"왜 식구들이 도와주지 않고 있지?"

"식구들이 제 마음을 이해하지 못하고 있습니다."

"왜 이해를 못하고 있지?"

"새 밭이 필요 없다고 합니다. 하나님만 있으면 된다고 합니다. 아무리 말해도 이해를 못합니다. 제 마음을 너무 모릅니다."

가인은 다시 고개를 떨구었다.

"너의 계획에 가장 방해가 되는 식구가 누구냐?"

"아벨입니다."

"아벨이 누구지?"

"제 동생입니다."

"아, 네 동생 아벨, 그 양치기? 그 녀석이 왜? 그 녀석은 더 잘 먹고 잘 살고 싶어 하지 않던가?"

"네, 하나님의 불꽃만 있으면 된다고 합니다."

"먹을 것을 빼앗아 봤느냐? 굶겨 봤느냐? 그 어떤 사람도 짐승도 사흘을 굶으면 모두 무릎 꿇게 되어 있다."

"배가 고픈데 괜찮다고 합니다. 하나님만 있으면 된다고 합니다. 도무지 알 수가 없습니다. 이젠 아버지 어머니도 아벨을 따라합니다. 왜 그린지 모르겠습니다."

붉은 도마뱀은 긴 목을 들어 저 위에서 기인을 내려다보았다.

"나의 종, 가인! 네 계획은 위대하다. 그 계획은 멈출 수 없다. 아벨은 이제 돌이킬 수 없다. 굶겨도 반대한다면 이제 끝이다. 너에게는 이제 한 가지 방법밖에 없다."

"그게 뭔가요?"

"아벨을 죽여라."

붉은 도마뱀의 말이 가인의 정수리에 꽂혔다. 가인은 부르르 떨었다.

"죽이라고요? 제사 때 양 목 따는 것처럼 죽여요? 맹수들을 몽둥이로 두들겨 패듯이 죽여요? 사람도 그렇게 죽을 수 있나요?"

"그렇다. 동물 죽이듯이 아벨을 죽여라."

"아벨은 제 동생입니다. 죽일 수 없어요."

"죽여야 한다. 아벨은 네 계획의 걸림돌이다. 아벨의 말을 듣는 한 너의 아버지와 어머니는 너를 절대로 도와주지 않는다. 아벨이 살아있으면 절대로 네 계획은 이루어질 수 없다."

"사람을 죽이는 것은 죄입니다. 아주 큰 죄…."

"누가 죄라고 말하든가?"

"하나님이 말씀하셨습니다."

붉은 도마뱀의 말은 점점 더 부드러워졌다.

"그 하나님이 여태 너에게 뭘 해줬는가? 그 하나님이 너의 위대한 계획을, 그 계획의 티끌만 한 작은 부분이라도 받으셨는가? 그 계획을 이루는 데 밀알만큼 작은 부분이라도 도와주신 적이 있었나?"

가인은 대답하지 않았다. 붉은 도마뱀은 다시 긴 목을 내려 가인 가까이 얼굴을 대고 말했다.

"나의 종, 가인! 나에게 절한다면 너의 계획을 이루어 주겠다. 이미 나의 종 짐승이 그것을 약속했다. 아벨은 이미 너의 원수다. 나의 종의 원수는 곧 나의 원수다. 나는 원수가 나의 종을 방해하도록 가만히 내버려두는 주인이 아니다.

사람의 아들 가인, 나에게 절한다면, 아벨을 죽이도록 도와주겠다. 아벨이 죽는다면, 너의 계획은 완전해질 것이다."

붉은 도마뱀의 말들이 부드럽게 가인을 눌렀다. 그 말들이 가인의 심장을 타고 들어와 온몸을 휘감고 다시 발바닥으로 나갔다. 그 말을 들은 가인의 몸과 마음이 여기저기서 반응하기 시작했다. 심장 한구석이 분노로 꿈틀댔고, 내장 한 구석은 슬픔으로 허물어졌다. 어딘가 숨어있던 것들이 가인의 머리와 가슴으로 흘러들어 갔다. 가인의 머리는 계속해서 생각했고 가슴은 끊임없이 무언가를 토해냈다. 드디어 가인의 머리는 가득 차고 가슴은 갈라지고 터져 나갔다.

가인은 붉은 도마뱀에게 절했다.

"잘했다 나의 종, 가인!"

가인은 한동안 일어나지 않았다.

"넌 이미 아벨을 죽일 수 있다. 내일 해가 뜨면 아벨을 죽어라."

가인은 눈을 떴다. 또 꿈이었다. 아벨의 코 고는 소리가 들렸다. 가인은 그 소리를 한참 듣다가 다시 누웠다.

가인과 아벨

그다음 날 해가 뜨고 식구들은 아침밥상 가까이 다가와 앉았다. 가인도 해 뜰 즈음 밭을 나가곤 했지만, 그날 아침에는 식구들이 일어나는 시간에 맞춰 일어났다. 아벨도 터덜터덜 일어났다.

"아벨아, 오늘도 산에 갈 거야?"

"네, 그러려고요."

하와는 부엌 한구석에서 가죽 자루를 꺼내어 아벨에게 안겨주었다.

"오늘은 꼭 먹어라."

말없이 밥을 먹고 있던 가인이 아벨에게 말했다.

"오늘은 나도 산에 같이 가자."

식구들이 조금 놀랐다.

"어… 형이 왜?"

"새 밭도 안 만들고 추수도 끝나 가는데 내가 할 일이 있냐? 빨리 먹고 한 번 같이 가보자. 그 산을 자세히 본 적이 없어서…."

아담은 하와를 보고 하와는 아벨을 보고 아벨은 다시 아담을 보았다. 딱히 함께 가지 않을 이유가 없었다.

"그래 같이 가자."

아벨은 가인이 아침밥을 다 먹기를 기다렸다. 가인은 밀알을 탈탈 털어 입에 넣은 후에 씹으면서 문을 나섰다.

산 밑에 다다른 아벨은 전날처럼 양들을 풀어놓았다. 산 밑의 풀들을 다 뜯어먹어서 산에서 살짝 떨어진 곳의 풀들을 먹여야 했다. 아벨은 바위에 앉아 가죽 자루를 열어 허기를 조금 달래려고 했다. 가인은 허리에 손을 얹고 이리저리 둘러보았다. 저 멀리 집이 보였다. 가인은 다시 고개를 돌려 산 너머를 보았다.

"아벨! 너 저기 산 너머에 골짜기가 있다고 전에 말하지 않았냐?"

"맞아."

"우리 지금 저기 한 번 가보자."

"뭐? 저기 아무것도 없어. 온통 돌들과 짐승들 죽은 뼈밖에 없어."

"너 저기서 하나님이 불을 내려주셨다며…. 그래서 궁금한 거야. 그때는 밤에 갔고 지금은 해가 떠 있잖아. 그러니 괜찮을 거야. 어서 가보자."

아벨은 잠시 생각하더니 일어섰다.

"그럼 얼른 갔다 오자."

가인과 아벨은 산을 향해 걸어갔다.

"양 새끼를 찾으러 다니던 밤에는 그 길이 참 길고 어두웠는데…. 오늘은 금방 능선까지 왔네."

아벨은 웃었다. 가인은 말이 없었다. 능선을 넘어가자마자 땅의 모습이 크게 바뀌었다. 아벨이 왔던 밤의 어둠에 숨겨져 있던 골짜기의 모습이 드러났다. 불그죽죽한 정도가 아니라 핏빛으로 물든 붉은 바위들이 골짜기에 깔려 있었다. 고름처럼 누렇고 검은색의 시커먼 바위들도 군데군데 놓여 있었다. 메스꺼운 냄새는 그날 밤보다 훨씬 덜했지만 여전히 숨쉬기가 힘들었다. 아벨은 코를 쥐어 막았다. 그러나 가인은 코를 막지 않고 무덤덤하게 내려갔다. 죽은 짐승들의 썩은 뼈들이 여전히 군데군데 나뒹굴고 있었다. 밤에 왔을 때는 전혀 소리를 들을 수 없었는데, 아벨이 지금 보니 골짜기에는 소리를 낼 만한 생명이나 움직임이 전혀 존재하지 않았다. 게다가 그 어떤 큰 소리도 이 골짜기를 거슬러 올라가 산 능선을 넘어갈 가능성이 별로 없었다. 큰 소리를 내면 메아리가 쳐 울리겠지만 골짜기 안에서나 진동할 것이었다. 실로 이 골짜기에는 아무것도 없었다. 진창길도 낮이라서 가인과 아벨은 눈으로 보고 요리조리 피해 갈 수 있었다. 꽤 내려가자 아벨이 빠졌던 진창이 나왔다.

"여기야. 여기서 빠졌는데, 정신을 잃었어. 꿈을 꿨는데 거기서 하나님의 불을 받았어. 깨어났는데도 불이 여전히 살아있더라."

"아, 진창에 빠졌는데, 어찌어찌 기어 나온 거야?"

"어."

"그럼 진창에 빠뜨리는 건 안 되겠구나."

"응?"

가인은 주위를 둘러보더니 주먹만큼 큰 돌덩이를 하나 주웠다. 짐승의 피인지 원래 핏빛 색깔인지 구분이 안 가는 붉은 돌이었다.

"아벨아."

"응? 왜 그래?"

가인은 한숨을 쉬었다.

"마지막 기회를 주마. 나 좀 도와다오."

"뭘 도와줘?"

"새 밭 만드는 거, 좀 도와줘."

아벨은 잠시 말이 없었다.

"안 도와주면 그걸로 칠 거야?"

가인은 전혀 망설이지 않고 고개를 끄덕였다. 아벨은 눈을 동그랗게 뜬 채 또 말이 없었다.

"새 밭들이 나를 죽일 만큼 중요해?"

"그럼 넌 뭐가 중요해서 나를 안 도와주는데?"

아벨은 가인의 눈을 똑바로 보았다.

"하나님은 형의 새 밭들과 열매들을 받으시지 않았어. 난 그걸 눈으로 똑똑히 봤어. 형 말대로 조금만 더 일하면 될지도 몰라. 그렇지만 난 하나님이 받으시지 않는 것은 조금도 하고 싶지 않아. 형 미안해. 난 안 할 거야."

가인은 아벨의 팔뚝을 움켜쥐었다. 놀랍게도 아벨은 뿌리치거나 도망가지 않았다. 가인은 그게 더 싫었다.

'왜 도망가지 않지? 왜 뿌리치지 않지? 소리 지르며 도망가야 하지 않나? 동물들도 위험을 느끼면 죽을힘을 다해 도망가는데, 왜 이 녀석은 그렇지 않지? 아벨, 넌 검은 메뚜기란 놈을 본 적이 있냐? 그게 무섭지 않던가? 그 메뚜기 뒤의 짐승을 본 적이 있냐? 그게 무섭지 않던가? 붉은 도마뱀을 만난 적이 있냐? 그의 말을 들어본 적이 있냐? 넌 내가 두렵지 않냐?'

가인은 아벨의 눈을 보았다. 두려워하는 눈이 아니었다. 땅의 짐승들은 원래 사람을 두려워한다. 가인은 자신을 두려워하는 짐승들의 눈을 많이 보았다. 그런 눈들은 빛을 내기는커녕 어두움이 그 안으로 빨려 들어간다. 아무리 그 눈을 들여다보아도 그 안에 있는 것이 없다. 눈동자 안이 혼탁하고 깜깜하다. 그런데 지금 아벨의 눈은 빛을 내고 있었다. 가인은 이제 아벨이 정말 싫었다.

"아벨, 지금 나에게 절해라. 절하면 살려주겠다."

가인은 이를 갈며 말했다.

"마지막 기회다. 절만 해라. 살려주마."

아벨은 잠시 비틀거렸다. 절하려는 것이 아니었다. 하늘에서 바람 같은 기운이 아벨에게 꽂혔다. 가인은 이 순간에 바람 같은 기운이 내려올 줄 몰랐다. 가인은 이제 아벨이 커다란 벽처럼 느껴졌다. 아벨은 말했다.

"이 진창에 빠졌다가 기절해서 꿈을 꾸었는데, 형이 말한 것처럼 메뚜기를 꿈속에서 만났었어."

가인은 순간 얼어붙었다. '누구를? 설마?'

"형, 난 절하지 않았어."

가인은 부르르 떨었다.

"난 절하지 않았다고, 형."

가인은 돌덩이로 아벨의 머리를 찍었다. 아벨은 휘청거렸다.

가인은 돌덩이로 아벨을 계속 찍었다. 머리에서 피가 흘렀다. 아벨이 도망갈까 봐 가인은 대여섯 번 더 아벨을 찍었다. 아벨은 도망가지 않았다. 가인은 아벨을 붙잡았지만 아벨도 가인에게 매달렸다.

'무릎 꿇고 절하란 말이야. 잘못했다고 빌란 말이야. 왜 그냥 그렇게 죽어가고 있냐?'

가인은 이해할 수 없었다. 아벨은 얼굴 곳곳에 멍이 들고 눈두덩이 붓기 시작했다. 가인의 손에 들린 돌덩이에 피와 살이 묻어 나왔다. 가인이 몇 번 더 찍어대자 아벨의 두개골에 금이 갔다. 두개골의 구멍에서 핏줄기가 솟아올랐다. 아벨이 숨을 쉴 때마다 핏줄기가 올라가다 내려갔다. 아벨의 온몸은 피에 흠뻑 젖었다. 가인의 양손도 피범벅이었다. 아벨이 서 있던 땅도 피를 받기 시작했다. 아벨은 다리가 풀렸다. 가인이 아벨을 일으켜 세우려고 했다. 아벨은 다시 가인에게 매달렸다. 가인이 보니 한 번만 더 찍으면 끝이었다. 가인은 돌덩이를 머리 위로 들었다. 아벨은 피가 가득 흘러내리는 눈으로 가인 너머 무언가를 보는 듯했다. 가인은 생각했다.

'눈에 피가 가득한데…. 뭐가 보일 리가 없는데 뭘 보고 있지? 이 돌을 보고 있나? 아니면 나를 보고 있나? 마지막 시선인가?'

아벨은 하늘을 올려다보았다.

"…형! 하늘이 열렸어! 하나님이 보여!"

가인은 손을 멈췄다.

"형! 하나님이 보좌에 앉아계셔!"

'이 녀석이 이제 헛것을 보는구나. 많이 맞았으니 그럴 법도 하지. 빨리 끝내야겠다.'

가인은 다시 돌덩이를 든 손에 힘을 주었다.

"하나님 옆에… 하나님의 아들이 있어! 그분이 내려오고 계셔!"

가인은 뒤통수 뒤의 머리카락이 쭈뼛 섰다.

"바로 형 뒤에 계셔!"

바로 내 뒤에 있다고? 뒤를 돌아보아야 했으나 가인은 감히 그러지 못했다.

"나를 데리러 오셨어! 이분이 바로 사람의 아들이야!"

'뭐라고? 사람의 아들은 바로 내가 아니던가?'

가인은 고개를 들었다.

가인은 아벨을 땅바닥에 내동댕이치고 미친 듯이 아벨의 머리를 찍었다. 두개골 곳곳이 무너져 내리자 아벨은 마침내 숨을 쉬지 않았다. 터진 머리 곳곳에서 피가 쏟아져 내렸다. 골짜기 바위가 피에 가득 젖어갔다. 가인은 숨을 몰아쉬며 아벨의 시체를 쳐다보았다. 한참 후에 가인은 눈을 들어 골짜기를 보았다. 골짜기 양면 벽들이 아벨의 피가 튄 것처럼 붉었다. 가인의 몸도 피범벅이었다. 가인은 손에 든 돌덩이를 내던지고 뒤돌아섰다. 천천히 발걸음을 옮기면서 가인은 골짜기를 빠져나왔다. 걸어가는데 가인의 몸에서 핏방울이 계속 툭툭 땅에 떨어졌다.

가인은 새 밭에 오자 근처 시냇가로 가서 몸을 씻은 다음 돌아왔다. 계속해서 이를 악물고 쟁기를 끌며, 땅을 헤집고 다니며 돌을 골라내며, 다시 휘이휘이 씨를 뿌렸다. 다른 날과 달리 가인은 조금도 쉬지 않았다. 시냇가로 가서 물도 마시지 않았다. 가인은 끊임없이 새 밭에서 뒹굴었다.

해가 이제 하늘에서 내려오기 시작할 즈음에 가인은 토하기 시작했다. 먹은 것을 모조리 게워내었다. 가인은 걸음을 제대로 걷지 못하면서도 쟁기를 놓지 않았다. 다시 쟁기를 등에 얹자 가인은 무게를 이기지 못하고 쓰러졌다. 쟁기는 항상 무거웠지만 가인이 다루지 못한 적은 없었다. 지금 가인은 새 밭 위에 쓰러졌다.

가인은 눈을 떴다. 여전히 누워 있는데 밭 한가운데에 흰 옷을 입은 이가 서 있었다. 가인은 그가 누군지 금방 알아차렸다. 흰 옷을 입은 이가 말했다.

"가인, 네 아우 아벨이 어디 있느냐?"

가인은 일어섰다. '여전히 아벨만 생각하십니까? 하늘에서 아벨이 어떤 일을 당하는지 보지도 않으셨습니까? 아벨은 보좌에 앉아 계신 당신을 봤다는데요? 그때는 왜 가만히 계셨습니까? 왜 이제야 저한테 이러십니까?' 가인은 침을 퉤 뱉고 말했다.

"모르겠습니다. 제가 제 아우를 지키는 자입니까?"

갑자기 흰 옷을 입은 이의 눈에서 빛이 나왔다. 가인이 방금 아벨에게서 본 눈빛이었다. 가인은 그 눈빛이 자신을 뚫을 것 같아서 고개를 돌려 피했다. 그 빛에 닿으면 죽을 것 같아서 가인은 몸을 돌려 밭에 쓰러졌다. 흰 옷 입은 이가 말했다.

"가인, 네가 뭘 했느냐. 네 아우의 핏소리가 땅에서부터 내게 호소하고 있다."

가인은 땅에 흐르던 아벨의 피가 생각났다. 흰 옷 입은 이가 손가락으로 가인의 손을 가리켰다.

"땅이 그 입을 벌려서 네 손에서부터 네 아우의 피를 받았으니 네가 땅에서 저주를 받으리라."

가인은 밭을 쳐다보았다. '뭐라고? 땅에서 저주를 받는다고? 이미 이 땅도 나를 충분히 힘들게 하고 있지 않나?'

"네가 밭을 갈아도 땅이 다시는 그 효력을 네게 주지 않을 것이다. 너는 땅에서 피하며 떠돌아다니는 자가 되리라."

가인은 무릎을 꿇고 흙 한 줌을 움켜쥐었다. 태어나서 평생을 밭에서 살아왔다. '이 거무죽죽한 흙을 만들기 위해 수많은 시간을 보내고 힘을 쏟았으며 꿈을 꾸었다. 이제 그럴 수 없다. 꿈은 산산이 부서졌다. 여기저기 떠돌아다닌다고? 내 밭도 없겠지…. 무얼 먹고 살지? 앞으로 어떻게 살아가지? 대체 앞으로 무엇을 위해 살지? 난 그저 쉬고 싶었는데….'

그는 말없이 눈물을 흘렸다. 흰 옷 입은 이 앞으로 기어가서 가인은 말했다.

"하나님, 이 벌이 제게 너무 무겁습니다. 오늘 이 땅에서 저를 쫓아내시니, 하나님 얼굴을 뵙지도 못하고, 이 땅 위에서 쉬지도 못하며 떠돌아다니게 될 것입니다. 그러면 저를 만나는 사람마다 저를 죽이려고 할 것입니다."

흰 옷 입은 이가 손가락을 들어 다시 가인을 가리켰다.

"그렇지 않다 가인, 너를 죽이는 자는 벌을 일곱 배나 받을 것이다."

흰 옷을 입은 이에게서 불길이 나왔다. 불길이 가인을 휘몰아 감더니 이마를 스치고 지나갔다. 가인은 자신의 이마를 만지고 나서 방금 지나간 것이 번제단의 불길이었다는 사실을 깨달았다. 가인의 이마에서 불꽃이 천천히 나오고 있었다. 누구든지 가인의 이마를 본 사람은 하나님께서 불로 만진 사람이라는 사실을 알 수 있었다. 가인은 그제야 비틀거리며 흰 옷 입은 이에게 절했다.

가인은 꿈에서 깨어났다. 그는 새 밭 한가운데에 누워있었다. 자신의 이마를 만져보았다. 놀랍게도 이마가 불처럼 뜨거웠다. 그는 주저앉아 울었다. 한참을 울고 나서 집 쪽을 바라보았다. 다시 집으로 돌아갈 수 없었다. 천천히 가벼운 농기구들을 챙겼다. 모두 짊어지고 나서 들판 쪽으로 향했다. 몇 걸음 가다가 가인은 다시 뒤돌아서서 집과 밭을 보았다.

'이 아름다운 곳, 이제 밀은 누렇고 포도는 익었으며 무화과는 다디단데….'

가인은 오랫동안 눈물을 흘렸다. 마침내 해가 떨어져 그림자가 길어지기 시작하자 가인은 집을 떠났다.

새 에덴

해가 지도록 두 아들이 집으로 오지 않자, 아담과 하와는 횃불을 켜고 찾아 나섰다. 두 아들이 아침부터 가겠다고 한 산에 먼저 가보았다. 양 떼는 산 밑에 그대로 서 있는데 아무리 찾아보아도 녀석들이 보이지 않았다. 이리저리 부르며 찾고 있는데 아담은 발바닥 밑에서 무언가 미끈거리고 끈적한 것을 느꼈다. 양의 똥이나 이상한 것이겠거니 하고 발바닥을 바위에 비벼보았다. 똥이 아니라 굳은 피가 묻어 나왔다. 맹수의 습격이 있지 않는 한 여기서 누가 피를 흘릴 까닭이 없다.

아담과 하와는 횃불을 땅에 가까이 대고 핏자국을 따라갔다. 핏자국은 산 능선을 넘어 골짜기 밑바닥까지 이어졌다. 핏자국의 끝까지 가보니 아벨이 차가운 피바다 한가운데서 누워있었다. 아무리 흔들어도 아벨은 일어나지 않았다. 아담이 살펴보니 맹수에게 물린 자국도 없고 저항한 흔적도 없었다. 시신 근처에 피와 살점이 묻은 돌덩이 하나가 보였다. 아담은 그 돌덩이를 들더니 아들의 머리를 보았다. 아담과 하와는 아들을 안고 오열했다.

아담은 갑자기 골짜기 위쪽으로 뛰어가기 시작했다. 아무리 하와가 불러도 계속 뛰어 올라갔다. 능선을 넘어 원래 핏자국을 발견한 곳에 도착하자 아담은 횃불로 풀밭을 비추었다. 아담이 생각한 대로 핏자국은 새 밭까지 이어졌다. 밭에 도착하니 여기저기 농기구가 나뒹굴었다. 일을 하다만 흔적들이 밭 여기저기에 있었다. 아담은 다시 집으로 뛰어갔다. 집에는 아무도 없었다. 아담은 큰아들의 이름을 크게 불러보았다. 여기저기 다니면서 불러보았다. 그러나 아무 소리도 듣지 못했다. 한참 찾아 헤매다가 아담은 다시 골짜기로 돌아왔다. 하와는 여전히 오열하고 있었다.

그날 밤 아담은 죽은 아들을 업고 지쳐버린 아내를 부축하며 골짜기에서 빠져나왔다. 이 땅에서 사람이 처음으로 죽었고, 큰아들은 영원히 집으로 오지 않을 것이다. 그러나 아담은 무엇을 해야 할지 알았다. 아담은 사람의 손을 거치지 않은 바위들을 모아 산 밑에 번제단을 쌓았다. 하와는 양가죽들로 아벨을 감았다. 아담은 아벨의 시신을 들어 번제단 위에 올려놓았다. 그리고 하늘을 보며 말했다.

하나님,

아벨이 번제단 위의 양처럼 피를 흘렸습니다.

아벨이 양 새끼처럼 가만히 죽었습니다.

이 아들은 당신께서 불을 내려주신 아이입니다.

이 아이를 받아주세요.

하와도 하늘을 보며 말했다.

하나님,

두 아들이 있었는데 한 아들은 우리 곁을 떠났고

다른 아들은 이 땅을 떠났습니다.

이제 제 후손은 어떻게 주실 건가요?

뱀의 머리를 누가 밟을 건가요?

당신을 믿습니다.

뜻을 이루소서.

뜻을 이루소서.

아담은 산기슭에 땅을 파고 아들을 묻었다. 아들을 묻은 곳 위에 아담은 번제단을 다시 쌓았다.

몇 년 후, 아담과 하와는 한 아기를 안고 산 밑의 번제단을 찾았다. 몇 년이 지났기 때문에 번제단에 잡초가 무성하거나 이끼가 낄 법도 하건만, 번제단은 이상하게 깨끗했다. 마치 죽은 아들을 묻었던 날로 돌아간 것처럼 번제단은 그대로였다. 아담이 말했다.

"묻고 나서 우리가 여기 몇 번 왔었나? 오늘이 처음 아닌가?"

하와가 아기를 안으며 말했다.

"묻고 나서 처음이죠. 당신도 다시는 오고 싶지 않았잖아. 근데 죽고 나서 처음 오는 날에 이 아이를 데리고 올 줄이야."

아담은 하와에게서 아기를 받아 번제단 위에 놓고 기도했다.

하나님,
그 무엇도 당신의 뜻을 거스를 수 없습니다.
이 아이로 당신의 뜻을 이루소서.
이 아이로 하와의 후손이 나오게 하시고
새 에덴을 이루실 당신의 뜻을 이루소서.

번제단 위에서 아기가 버둥거렸다. 하와는 번제단에서 아기를 안고 내려왔다. 하와가 아기에게 말했다.

"네가 우리 소망이다. 우리에게 소망이 없었는데, 하나님께서 소망을 주셨구나. 이제 네가 기름부음을 받았구나. 하나님의 불을 구해라. 아들아, 이제 네가 불을 받아 타오르렴. 영원히 하나님 앞에서 타오르거라."

아담과 하와는 아기를 안고 다시 산에서 내려와 집으로 갔다. 에덴에서 쫓겨난 이들의 땅에 하늘빛이 내려오기 시작했다.

소설로 비추는 성경

번제단 위의 양치기

1판 1쇄 인쇄 _ 2020년 1월 10일
1판 1쇄 발행 _ 2020년 1월 20일

지은이 _ 엘리엇 한
펴낸이 _ 이형규
펴낸곳 _ 쿰란출판사

주소 _ 서울특별시 종로구 이화장길 6
편집부 _ 745-1007, 745-1301~2, 747-1212, 743-1300
영업부 _ 747-1004, FAX 745-8490
본사평생전화번호 _ 0502-756-1004
홈페이지 _ http://www.qumran.co.kr
E-mail _ qrbooks@gmail.com / qrbooks@daum.net
한글인터넷주소 _ 쿰란, 쿰란출판사
페이스북 _ www.facebook.com/qumranpeople
인스타그램 _ www.instagram.com/qrbooks
등록 _ 제1-670호(1988.2.27)
책임교열 _ 김영미·신영미

ⓒ 엘리엇 한 2020 ISBN 979-11-6143-334-9 03230

책값은 뒤표지에 있습니다.
이 출판물은 저작권법에 의해 보호를 받는 저작물이므로 무단 복제할 수 없습니다.
파본(破本)은 구입처에서 교환해 드립니다.